Johann Lafers

FRISCHE MODERNE KÜCHE

Herausgegeben von der Zeitschrift

Sonderausgabe der Naumann & Göbel Verlagsgesellschaft mbH
in der VEMAG Verlags- und Medien Aktiengesellschaft, Köln
Alle Rechte bei Gruner + Jahr AG & Co., Hamburg
Redaktion: Renate Peiler, Roswitha Schneider
Layout: Jürgen Pengel
Grafik: Heike Diem, Matthias Haupt
Rezepte: Johann Lafer, Studioküche: Jörg Leroy
»e&t«-Versuchsküche: Murmel Schult, Marion Willers
Alle Food- und Gerätefotos: Richard Stradtmann; Arrangements: Günther Meierdierks
Sonstige Fotos: ZDF
Schlußredaktion: Karin Schanzenbach
Gesamtherstellung: Naumann & Göbel Verlagsgesellschaft mbH, Köln
Alle Rechte vorbehalten
ISBN 3-625-10960-3

Johann Lafers
FRISCHE MODERNE KÜCHE
Genießen auf gut deutsch

Das Buch zur erfolgreichen ZDF-3sat-Serie
mit Rezepten von Johann Lafer
und der »essen & trinken«-Versuchsküche

INHALT

Vorspeisen: Seite 8-33

Hauptgerichte: Seite 34-95

Beilagen: Seite 96-119

Desserts: Seite 120-153
Praktische Geräte: Seite 154
Rezeptregister: Seite 156

Assistenz im Studio: Karolin Köhler (oben) und Stefanie Olbertz (unten) haben auch in der »e&t«-Versuchsküche gearbeitet.

Auch Katrin Ehlers (ganz links) und Judith Kempers (links) sind in einigen Folgen von Johann Lafers Sendung als seine Assistentinnen dabei.

Stolz präsentiert Johann Lafer das Buch zu seiner erfolgreichen TV-Serie: Alle im Fernsehen gezeigten Rezepte finden Sie hier wieder, übersichtlich geordnet nach Vorspeisen, Hauptgerichten, Beilagen und Desserts. Viel Spaß beim Lesen, Kochen und Ausprobieren!

IN EIGENER SACHE

Mit Regisseur M. Kock

Viele Wochen waren Europas verfolgreichste Eßzeitschrift und der beliebteste Fernsehkoch der Nation wieder zusammen in der Studioküche in Guldental, um die nunmehr dritte Staffel von Lafers Fernsehserie in den Kasten zu bringen: »Johann Lafers frische moderne Küche«. Hinter diesem schlichten Titel steht der Glaubensgrundsatz des Meisterkochs: Frische Zutaten der Saison einfach und perfekt zubereiten, dabei die Erkenntnisse der modernen Ernährung berücksichtigen (ohne verkrampft zu sein) und bei jedem Gericht interessante kulinarische Akzente setzen. Johann Lafer greift diesmal ganz besonders tief in sein kulinarisches Schatzkästchen, um den Seher und Leser an seiner großen Erfahrung teilhaben zu lassen. Freuen Sie sich auf Lafer-Tips und -Tricks!

Ein Meister auf seinem Gebiet: Joschi Frühwirt, der Chefkameramann, der für das Licht verantwortlich ist.

Damit diese dem Fernsehzuschauer in jeder Folge (damit sind dann mittlerweile stattliche 86 Folgen à 30 Minuten abgedreht) optimal

Damit Johann Lafer und seine Assistentin ins rechte Licht gerückt und mit dem richtigen Ton versorgt werden, perfekt geschminkt sind und ihren genauen Text kennen – hier das fast vollständige TV-Team der dritten Staffel in Johann Lafers Fernsehstudio in Guldental.

präsentiert werden, steht hinter Johann Lafer ein eingespieltes Fernsehteam. Viele sind schon zum dritten Mal dabei, allen voran Manuel Kock, Johann Lafers Leib- und Magen-Regisseur. Kock versteht viel vom Essen und Trinken und kocht auch selbst an seinem Kölner Herd für die Familie. Wie kein anderer deutscher Regisseur kann er ein Rezept und die – manchmal komplexen – Kochvorgänge in schöne klare, bewegte Bilder umsetzen. Auch wenn er manchmal etwas grimmig guckt, Joschi Frühwirt, der lichtsetzende Kameramann, ist auf seinem Gebiet ein As. Er macht ein wunderbares Licht, weich und doch konzentriert. Dieses Können hat ihn über die Grenzen Deutschlands bekannt gemacht, und das Team ist stolz darauf, daß er mit dabei ist. Die Dreharbeiten dauerten zwei Monate, das Nachkochen in der »e&t«-Versuchsküche ebenfalls. Unsere Koch-Redakteure Murmel Schult und Marion Willers brachten die Rezepte detailgetreu in die endgültige Form. Der Stylist Günther Meierdierks machte die modernen Arrangements fürs Bild. Und der Fotograf Richard Stradtmann machte schließlich die schönen Fotos für »essen & trinken« und für dieses Buch. Hier ist sie also: Lafers frische moderne Küche.

Wenn´s im Studio heiß hergeht, Schweißperlen aber nicht erwünscht sind: Maskenbildnerin Jutta Magdorf ist zur Stelle.

VORSPEISEN
Knackige Salate, kalte und warme

Snacks, herzhafte Suppen

Hummersalat

Für 4 Portionen:

Salat
600 g Petersilienwurzeln
3 Tl Zitronensaft
Salz
60 g Butterschmalz
1 El Schalottenwürfel
2 El gehackte Petersilie
100 ml Weißweinessig
150 ml Walnußöl
1 Tl Fenchelsaat (3 g)
Salz, Pfeffer (Mühle)
Zucker

Hummer
2 Hummer (500–600 g, vom Händler frisch abgekocht)
30 g Butter
Salz, Pfeffer (Mühle)
4 Zweige Thymian
20 ml weißer Wermut (Noilly Prat)

Außerdem
1 Kopf geputzter Friséesalat
1 El Kerbelblättchen

1. Die Petersilienwurzeln mit dem Sparschäler schälen, schräg in Scheiben schneiden, mit Zitronensaft beträufeln, 3–4 Minuten in Salzwasser blanchieren und gut abtropfen lassen. Das Butterschmalz erhitzen. Die Petersilienwurzeln darin braten und salzen.

2. Aus Schalotten, Petersilie, Weißweinessig und Walnußöl eine Vinaigrette rühren. Mit Fenchelsaat (Mühle, siehe Seite 154/155), Salz, Pfeffer und 1 Prise Zucker würzen. Die Hälfte der Fenchel-Vinaigrette auf die Petersilienwurzeln in die Pfanne gießen und durchziehen lassen. Die übrige Vinaigrette beiseite stellen.

3. Die Hummer ausbrechen: Erst die Scheren, dann den kleinen Scherenteil abdrehen. Den Hummerschwanz vom Körper abdrehen und mit einem starken Messer auf der Oberseite von hinten nach vorne längs halbieren. Den Darm entfernen. Die große Schere hochkant legen und mit einem schweren Messer so anschlagen, daß die Schale aufspringt. Die Schale auseinanderbrechen und das Fleisch vorsichtig auslösen. Den kleinen Scherenteil mit einer Haushaltsschere aufschneiden und das Fleisch auslösen.

4. Die Butter in einer großen Pfanne nicht zu stark erhitzen. Die Hummerschwänze (mit Schale) auf der Fleischseite hineinlegen und 3 Minuten braten. Die Scheren hineingeben und kurz braten. Die Hummerteile umdrehen, salzen, pfeffern und die Thymianzweige dazugeben. Den Bratfond mit Noilly Prat ablöschen.

5. Frisée, Kerbel und Petersilienwurzeln anrichten. Die Hummerschwänze, die Scheren und das Scherenfleisch darauf geben, erst mit dem Bratfond, dann mit der restlichen Fenchel-Vinaigrette beträufeln und sofort servieren.

Zubereitungszeit: 1 Stunde
Pro Portion 21 g E, 52 g F, 9 g KH
= 594 kcal (2485 kJ)

VORSPEISEN

Kürbissuppe

Für 4–6 Portionen:
2 Kürbisse (à 600 g, für netto 500 g Kürbisfleisch)
40 g Butter
60 g Schalottenwürfel
1 gehackte Knoblauchzehe
1/2 Tl Madras-Currypulver
100 ml Weißwein
600 ml Geflügelfond (Glas)
200 ml Schlagsahne
Salz, weißer Pfeffer (Mühle)
Muskatnuß (frisch gerieben)
Pflanzenöl zum Fritieren
70 g feine Möhrenstreifen
70 g feine Porreestreifen
70 g feine Rote-Bete-Streifen
1 El Crème fraîche
1 El geschlagene Sahne
einige Kerbelzweige
zum Garnieren

1. Die Kürbisse halbieren, mit einem Löffel entkernen. Etwa 150 g Kürbisfleisch mit dem Kugelausstecher ausstechen. Die Kürbisse schälen und das restliche Kürbisfleisch (etwa 350 g) grob würfeln.

2. Die Butter im Topf schmelzen. Schalotten und Knoblauch darin glasig dünsten. Das grob gewürfelte Kürbisfleisch dazugeben, mit Curry bestäuben und mit Weißwein ablöschen. Geflügelfond und Sahne dazugießen. Die Suppe mit Salz, Pfeffer und Muskat würzen. Die Kürbiskugeln im Sieb in der Suppe mitgaren, nach 10–15 Minuten herausnehmen. Die Suppe zugedeckt bei milder Hitze etwa 30 Minuten leise kochen lassen.

3. Inzwischen das Öl erhitzen. Die Gemüsestreifen darin nacheinander etwa 2 Minuten fritieren, mit der Schaumkelle herausheben und auf Küchenpapier abtropfen lassen.

4. Den Topf vom Herd nehmen. Die Kürbissuppe im Topf mit dem Schneidstab fein pürieren, durch ein feines Sieb gießen, dann Crème fraîche und die geschlagene Sahne unterrühren. Die Suppe abschmecken.

5. Die Kürbiskugeln in vorgewärmten Tellern anrichten, mit der heißen Suppe begießen, mit dem fritierten Gemüse bestreuen, mit Kerbelzweigen garnieren und dann servieren.

Zubereitungszeit: 1 Stunde
Pro Portion (bei 6 Portionen) 2 g E, 25 g F,
6 g KH = 260 kcal (1090 kJ)

VORSPEISEN

Pilztoast mit Schnittlauchrührei

Für 4 Portionen:
100 g Champignons
100 g Shiitake-Pilze
100 g Austernpilze
100 g Butter
2 El Schalottenwürfel
1 gehackte Knoblauchzehe
Salz
4 Scheiben Graubrot
4 große Blätter Kopfsalat
4 Blätter Lollo rosso
4 Eier
2 El geschlagene Sahne
weißer Pfeffer (Mühle)
2 El feine Schnittlauchröllchen

1. Die Champignons putzen und in Scheiben schneiden. Die Stiele der Shiitake-Pilze abdrehen, die Köpfe mit einem Tuch abreiben und in Streifen schneiden (die Stiele für eine Suppe verwenden, sie haben eine viel längere Garzeit als die Köpfe). Die Austernpilze auch abreiben und in kleine Stücke schneiden.

2. 40 g Butter in einer Pfanne erhitzen. Die Pilze hineingeben. Schalotten und Knoblauch dazugeben. Die Pilze langsam bei milder Hitze braten, dabei öfter durchschwenken. Die Pilze nach dem Braten salzen und etwas abkühlen lassen.

3. Die Graubrotscheiben in einer Pfanne in 40 g heißer Butter rösten und etwas abkühlen lassen. Dann die Salatblätter darauflegen.

4. Die Eier in einer Schüssel mit geschlagener Sahne, weißem Pfeffer und Salz verrühren. Die Schnittlauchröllchen unterrühren.

5. Die restliche Butter in einer Pfanne erhitzen. Die Eimasse hineingeben und bei milder Hitze darin stocken lassen, dabei das Rührei in großen Schollen von außen nach innen schieben. Das Rührei muß glänzen und darf nicht trocken werden.

6. Die Pilze auf dem Salat anrichten, mit Rührei belegen und sofort servieren.

Zubereitungszeit: 30 Minuten
Pro Portion 13 g E, 30 g F, 20 g KH
= 401 kcal (1679 kJ)

VORSPEISEN

Spinattorte mit Mettwürstchen

Für 4–6 Portionen:

Koriander-Mürbeteig
125 g Butter
250 g gesiebtes Mehl
1 Ei (Kl. M), Salz
1 Tl grob gemahlene Korianderkörner
Butter für die Form
Mehl zum Bearbeiten
getrocknete Hülsenfrüchte zum Blindbacken

Füllung
1 kg Wurzelspinat (brutto)
Salz, 30 g Butter
2 El Schalottenwürfel
1 gehackte Knoblauchzehe
Pfeffer (Mühle)
Muskatnuß (frisch gerieben)
3 geräucherte Mettwürste
(220 g, ersatzw. Cabanossi)

Eierguß
2 Eier
140 ml Schlagsahne
Salz, Pfeffer (Mühle)
1 Eiweiß
60 g Allgäuer Bergkäse

1. Für den Teig Butter, Mehl, Ei, 1 Prise Salz, Korianderkörner und 1–2 El kaltes Wasser schnell zu einem glatten Teig verarbeiten, in Klarsichtfolie wickeln und 1 Stunde in den Kühlschrank legen.

2. Für die Füllung den Spinat sehr gut waschen, die groben Stiele entfernen. Die Spinatblätter kurz in kochendem Salzwasser blanchieren, in Eiswasser abschrecken, abtropfen lassen und gut ausdrücken.

3. Den Teig zwischen bemehlter Klarsichtfolie etwas größer als die Pizzablech- oder Tarteform (26 cm Ø) ausrollen. Die obere Folie abziehen. Die Form mit Butter einfetten und mit Mehl bestäuben. Mit dem Rand der Form einen Ring in den Teig drücken. Den Teig mit einem Messer kreisförmig ausschneiden. Die Teigplatte (mit der Folie nach oben) in die Form legen. Die Folie abziehen. Den Teig mit bemehlten Fingern am Rand der Form hochziehen und fest andrücken. Den Teig mit der Gabel mehrmals einstechen, damit die Luft beim Backen entweichen kann. Die Form mit Backpapier auslegen und die getrockneten Hülsenfrüchte daraufgeben.

4. Den Mürbeteig im vorgeheizten Backofen auf der untersten Einschubleiste bei 220 Grad 15 Minuten vorbacken (Gas 3–4, Umluft etwa 10 Minuten bei 220 Grad), damit er beim eigentlichen Backen nicht mehr hochgehen kann.

5. Die Butter in einer großen Pfanne nicht zu stark erhitzen. Die Schalotten und den Knoblauch darin glasig dünsten. Um den Spinat gleichmäßig zu würzen, schon die Schalotten und den Knoblauch herzhaft mit Salz, Pfeffer und Muskat würzen. Den Spinat in die Pfanne geben, kurz durchschwenken und abkühlen lassen.

6. Den vorgebackenen Teigboden aus dem Backofen nehmen, Hülsenfrüchte und Papier entfernen. Den Spinat (eventuell noch vorhandene Flüssigkeit mit einem Löffel im Topf ausdrücken) auf dem Boden verteilen. Die Mettwürste schräg in dünne Scheiben schneiden und auf dem Spinat verteilen.

7. Die Eier mit flüssiger Sahne aufmixen, kräftig mit Salz und Pfeffer würzen. Das Eiweiß mit 1 Prise Salz sehr steif schlagen und unter die Eiersahne heben. Die Eiersahne auf den Spinat gießen. Den Käse raffeln und auf den Eierguß streuen.

8. Die Spinattorte im vorgeheizten Backofen auf der 2. Einschubleiste von unten bei 200 Grad 20–25 Minuten backen (Gas 3, Umluft 15–20 Minuten bei 180 Grad). Die Spinattorte vor dem Servieren etwas abkühlen lassen.

Zubereitungszeit: 1 1/2 Stunden
Pro Portion (bei 6 Portionen) 23 g E, 48 g F, 35 g KH = 664 kcal (2779 kJ)

VORSPEISEN

Brunnenkressesuppe mit gebackenen Schinkenstreifen

Für 4 Portionen:

Suppe
10 g Butter
120 g Frühlingszwiebeln (in Scheiben)
1 gehackte Knoblauchzehe
400 ml Geflügelbrühe
50 g Spinatblätter
100 g Brunnenkresseblätter
150 g Crème double
1 Tl Zitronensaft
Salz
Muskatnuß (frisch gerieben)
20 g kalte Butter
1 El geschlagene Sahne
grob gezupfte Brunnenkresseblätter für die Garnitur

Einlage
2 Scheiben gekochter Schinken (à 60 g)
1 El Senf
40 g frische Weißbrotbrösel
1 Tl gehackter Thymian
20 g Butter

1. Die Butter im Topf schmelzen. Die Frühlingszwiebeln darin andünsten. Den Knoblauch dazugeben und glasig dünsten. Die Brühe dazugießen, aufkochen lassen.

2. Inzwischen den Spinat und die Brunnenkresse in einen großen Mixer geben. Die Frühlingszwiebelbrühe dazugießen. Das Gemüse in der Brühe fein pürieren.

3. Die Suppe zurück in den Topf gießen. Crème double und Zitronensaft dazugießen, mit Salz und Muskat würzen. Die Suppe erhitzen, aber nicht kochen lassen.

4. Inzwischen die Schinkenscheiben auf einer Seite mit Senf bestreichen. Die Weißbrotbrösel mit Thymian mischen, auf den Senf geben und fest andrücken.

5. Die Butter in einer Pfanne nicht stark erhitzen. Die Schinkenscheiben mit den Bröseln nach unten hineingeben und bei milder Hitze langsam braten, so daß die Brösel nicht verbrennen. Die Schinkenscheiben nach dem Braten mit der Brötselseite nach oben auf eine Platte geben und in 1 cm breite Streifen schneiden.

6. Die kalte Butter in die Suppe geben. Die Suppe mit dem Schneidstab im Topf pürieren. Die geschlagene Sahne unterheben.

7. Die Suppe in vorgewärmten Teller anrichten, die Schinkenstreifen hineinlegen und die Brunnenkresseblätter darüber streuen.

Die Suppe sofort servieren.

Zubereitungszeit: 1 Stunde
Pro Portion 10 g E, 29 g F, 11 g KH
= 342 kcal (1431 kJ)

Lafers Extra-Tip

**Damit die Suppe ihre schöne grüne Farbe behält, dürfen Sie sie nur vorsichtig erhitzen, aber nicht mehr kochen lassen. Sonst wird sie grau.
Wenn Sie Brunnenkresse einige Tage aufbewahren wollen: Im Bund in stehendem Wasser gut waschen, dann kurz trockenschütteln und das Bund mit den Wurzeln im Wasser an einen kühlen Ort stellen.**

VORSPEISEN

Gebackene Leberwurst in der Majorankruste

*Für 4 Portionen:
1 Ei, 185 g Mehl
Salz, Pfeffer (Mühle)
1 Tl gehackter Majoran
400 g Butterschmalz
4 Zweige Majoran
400 g grobe, magere Leberwurst*

1. Für den Backteig in einer Rührschüssel Ei, 150 ml kaltes Wasser und 125 g Mehl glattrühren, salzen und pfeffern, zum Schluß mit dem gehackten Majoran würzen. Den Teig 10 Minuten ruhen lassen.

2. Das Butterschmalz in einer tiefen, mittelgroßen Pfanne erhitzen. Den Backteig einmal durchrühren. Die Leberwurst schräg in 1 1/2 cm dicke Scheiben (à 35 g) schneiden. Die Scheiben im restlichen Mehl wenden, etwas abklopfen und durch den Backteig ziehen. Die Leberwurstscheiben im Fett schwimmend goldgelb ausbacken. Die gebackene Leberwurst auf Küchenpapier abtropfen lassen.

Zur gebackenen Leberwurst paßt sehr gut ein Apfelkompott mit Johannisbeersauce. (Rezept Seite 147).

Zubereitungszeit: 40 Minuten
Pro Portion 24 g E, 60 g F, 34 g KH
= 765 kcal (3202 kJ)

Lafers Extra-Tip

Zum Fritieren – egal, ob in der Pfanne oder in der Friteuse – immer ein Fett nehmen, das sich hoch erhitzen läßt. Das kann Butterschmalz sein oder ein neutrales Pflanzenfett oder Öl. Butter oder Margarine sind zum Fritieren nicht so gut geeignet, weil sie einen niedrigeren Rauchpunkt haben und schneller verbrennen.

VORSPEISEN

Lauchsalat mit Tomaten-Vinaigrette

Für 4 Portionen:
2 Lauchstangen
Salz, 2 große Tomaten
1 Zitrone
25 ml Weißweinessig
25 ml Balsamessig
Saft von 1/2 Zitrone
2 El Schalottenwürfel
Pfeffer (Mühle)
100 ml Sonnenblumenöl
1 Tl gehackte glatte Petersilie
1/2 Kopf Friséesalat
Blättchen von 1 Bund Kerbel

1. Die Lauchstangen der Länge tief ein-, aber nicht durchschneiden, unter fließendem Wasser gründlich waschen und gut abtropfen lassen. Die dunkelgrünen Enden abschneiden. Die Lauchstangen aufklappen, aus der Mitte die beiden harten Blätter (das „Herz") entfernen. Die Lauchstangen quer halbieren und jeweils mit Küchengarn zusammenbinden. Die Lauchstangen in kochendem Salzwasser in 5 Minuten nicht zu weich kochen, abtropfen lassen und schräg in Ringe aufschneiden.

2. Die Tomaten auf der runden Seite kreuzweise einritzen, kurz in kochendes Wasser tauchen, in Eiswasser abschrecken und abtropfen lassen. Die Tomaten häuten, vierteln, entkernen und in feine Würfel schneiden.

3. Die Zitrone schälen, dabei auch die weiße Innenhaut entfernen. Die Filets einzeln heraustrennen.

4. Für die Vinaigrette Weißweinessig, Balsamessig und Zitronensaft mit den Schalotten verrühren, salzen und pfeffern. Das Öl unterrühren und die gehackte Petersilie dazugeben. Die Tomatenwürfel in der Vinaigrette kurz durchziehen lassen.

5. Lauchstreifen, Friséesalat, Kerbelblättchen und Zitronenfilets auf Tellern anrichten. Mit der Tomaten-Vinaigrette beträufeln und etwas Pfeffer darübermahlen. Dann mit Baguette und der Joghurt-Remoulade servieren.

Zubereitungszeit: 30 Minuten
Pro Portion 3 g E, 20 g F, 7 g KH
= 225 kcal (942 kJ)

Joghurt-Remoulade

Für 4–6 Portionen:

Mayonnaise
1 Tl mittelscharfer Senf
2 Eigelb,
1/4–3/8 l Öl

Remoulade
10 g gehackte Kapern
1 hartgekochtes, gewürfeltes Ei
50 g feingewürfelte Gewürzgurken
10 g gehackte Sardellen
1 Tl gewürfelte Schalotten
1 El gehackter Kerbel
1 El gehackte glatte Petersilie
100 g Joghurt
Saft von 1/2 Zitrone
Salz, Pfeffer (Mühle)

1. Senf und Eigelb mit den Quirlen des Handrührers in einer sauberen Schüssel glattrühren. Das Öl erst tropfenweise, dann in dünnem Strahl unterrühren.

2. 100 g Mayonnaise mit Kapern, Ei, Gurken, Sardellen, Schalotten, Kerbel und Petersilie mischen. Den Joghurt unterrühren. Die Remoulade mit Zitronensaft, Salz und Pfeffer würzen.

Zubereitungszeit: 20 Minuten
Pro Portion (bei 6 Portionen) 3 g E, 20 g F, 3 g KH = 203 kcal (850 kJ)

Lauchsalat und Joghurt-Remoulade passen auch sehr gut zur gebackenen Kalbszunge im Meerrettichmantel (Rezept Seite 37).

Lafers Extra-Tip

Und so bereiten Sie meine Blitz-Mayonnaise zu: 1 Eigelb, 1 ganzes Ei und 1 El Senf in ein hohes schmales Gefäß geben. 500 ml Öl dazugießen. Den Schneidstab jetzt ganz langsam vom Boden nach oben ziehen. Danach noch zwei- bis dreimal von oben nach unten fahren. Fertig!

VORSPEISEN

Weißkohl-Cassoulet

*Für 4–6 Portionen:
1 Weißkohl (1,3 kg =
800 g netto)
40 g Butter
2 El Schalottenwürfel
1 El Zucker
Kümmel (Mühle)
Pfeffer (Mühle)
Salz, 350 ml Fleischbrühe
3 luftgetrocknete Mettwürste
(à 100 g)
60 g feine Porreestreifen
60 g feine Möhrenstreifen
150 g gekochte Schmetter-
lingsnudeln
2 El Crème fraîche
1 El gehackte, glatte Petersilie
1/2 Bund Kerbel für die
Garnitur*

1. Vom Weißkohl die äußeren Blätter entfernen. Den Kohlkopf vierteln, dabei den Strunk abschneiden. Den Weißkohl in größere Stücke schneiden.

2. Die Butter im Topf erhitzen, die Schalotten darin glasig dünsten. Den Zucker unterrühren und die Schalotten leicht glasieren. Den Weißkohl dazugeben und mit Kümmel und Pfeffer (Mühle, siehe Seite 154/155) und Salz würzen. Die Fleischbrühe dazugießen. Den Kohl zugedeckt langsam bei milder Hitze garen.

3. Die Mettwürste schräg in dicke Scheiben schneiden, mit Porree, Möhren und Nudeln zum Kohl geben, durchrühren und kurz kochen lassen. Crème fraîche und Petersilie unterrühren, mit Pfeffer und Kümmel nachwürzen, mit dem Kerbel garnieren und servieren.

Zubereitungszeit: 1 Stunde
Pro Portion (bei 6 Portionen) 14 g E, 24 g F, 19 g KH = 341 kcal (1430 kJ)

Lafers Extra-Tip

Mein Nudelteig: Aus 500 g Mehl, 15 (!) Eigelb, Salz und ein paar Tropfen Öl einen Teig kneten, mit Klarsichtfolie zudecken, 1 Std. stehen lassen. Kurz mit Mehl zusammenkneten, dann mit Mehl in der Nudelmaschine ausrollen, breit oder dünn schneiden. 1–2 Min. kochen, abgießen, abschrecken, abtropfen lassen. Etwas Öl dazugeben, damit sie nicht zusammenkleben.

VORSPEISEN

Überbackene Geflügelleber-Crêpes

Für 4 Portionen:

Teig
60 g Mehl, 2 Eier, Salz
125 ml Milch
20 g Butterschmalz zum Braten
Blättchen von 1 Bund Majoran

Füllung
400 g Geflügelleber
125 g Champignons
50 g Schalotten
1 Apfel, 60 g Butter
20 ml Portwein
125 ml Kalbsfond (Glas)
Salz, 80 g frisch geriebener Allgäuer Emmentaler
4 El geschlagene Sahne

1. Für den Teig Mehl, Eier, 1 Prise Salz und Milch gut verrühren.

2. Eine mittelgroße, beschichtete Pfanne erhitzen und mit Butterschmalz auspinseln. Etwas Teig hineingeben und durch Schwenken gleichmäßig verlaufen lassen, gleich 8 Majoranblättchen daraufstreuen. Den Pfannkuchen bei milder Hitze auf der Unterseite in 1–2 Minuten goldbraun backen, umdrehen und 1 Minute weiterbacken. So nacheinander 4 Pfannkuchen backen. Den Pfannenrand dabei mit etwas Butterschmalz einpinseln, damit die Pfannkuchen sich gut bewegen lassen.

3. Die Geflügelleber putzen, waschen, abtropfen lassen und klein würfeln. Die Champignons putzen und würfeln. Die Schalotten pellen und fein würfeln. Den Apfel schälen, vierteln, entkernen und fein würfeln.

4. 30 g Butter in einer Pfanne erhitzen. Die Leber darin anbraten. Die Champignons dazugeben und unter Schwenken kurz mitbraten. Leber und Champignons in ein Sieb schütten. Die restliche Butter in der Pfanne erhitzen. Schalotten und Apfel darin anbraten, mit Portwein ablöschen, den Kalbsfond dazugießen und dickflüssig einkochen lassen. Die Leber mit den Champignons dazugeben, erst jetzt salzen (sonst wird die Leber trocken) und unter Rühren erwärmen.

5. Die Füllung auf eine Hälfte der Crêpes geben, die andere Hälfte überklappen. Die Crêpes in eine feuerfeste Form legen. Den Käse darüber streuen, geschlagene Sahne darauf setzen. Die Crêpes im vorgeheizten Backofen auf der 2. Einschubleiste von unten bei 250 Grad 4–6 Minuten überbacken (Gas 5, Umluft 4–6 Minuten bei 250 Grad).

Zu den überbackenen Geflügelleber-Crêpes paßt ein Kopfsalat mit Sesam-Vinaigrette (Rezept Seite 115).

Zubereitungszeit: 45 Minuten
Pro Portion 33 g E, 36 g F, 23 g KH
= 551 kcal (2310 kJ)

Lafers Extra-Tip

Damit die Crêpes schön knusprig werden, sollten Sie das Fett – Butterschmalz, ein neutrales Öl oder Pflanzenfett – bei mittlerer Temperatur in der Pfanne heiß werden lassen, bis es leicht raucht. Dann mit einem Schöpflöffel den Teig hineingeben und in der Pfanne verteilen. Wenn Sie ganz dünne Crêpes haben wollen, müssen Sie den Teig, der jetzt noch flüssig ist, abgießen. Erst wenden, wenn die Unterseite leicht gebräunt ist, der Rand sich etwas hochbiegt und die Oberfläche matt wird.

VORSPEISEN

Überbackene Lachsforelle mit Sauerampfersauce

Für 4 Portionen:
80 g Butter
2 El Schalottenwürfel
100 ml Fischfond (Glas)
30 ml weißer Wermut
(Noilly Prat)
60 ml flüssige Schlagsahne
2 Lachsforellenfilets (à 200 g)
Salz, Pfeffer (Mühle)
Fenchelsaat (Mühle)
1 Bund Sauerampfer
2 El geschlagene Sahne

1. 20 g Butter in einem Topf zerlassen, die Schalotten darin glasig dünsten. Fischfond und Wermut dazugießen und 2–3 Minuten einkochen lassen. Die flüssige Sahne dazugießen, einkochen lassen.

2. Inzwischen die Lachsforellenfilets nachputzen und schräg in feine Scheiben schneiden.

3. Eine feuerfeste Form mit 20 g weicher Butter auspinseln. Die Scheiben darin rosettenförmig anrichten, salzen, pfeffern und mit Fenchelsaat (Mühle, siehe Seite 154/155) würzen.

4. Den Sauerampfer putzen, die groben Stiele abschneiden. Die Blätter waschen, gut abtropfen lassen und in feine Streifen schneiden. Den Sauerampfer gleichmäßig auf dem Fisch verteilen.

5. Die restliche Butter in die Sauce geben, mit dem Schneidstab aufmixen und vom Herd nehmen. Die Schlagsahne unterheben.

6. Die Sauce auf den Fisch gießen. Den Fisch im vorgeheizten Backofen auf der 2. Einschubleiste von unten bei 250 Grad 8–10 Minuten überbacken (Gas 5, Umluft 4–6 Minuten bei 250 Grad). Die überbackene Lachsforelle mit Baguette servieren.

Zubereitungszeit: 40 Minuten
Pro Portion 22 g E, 28 g F, 3 g KH
= 358 kcal (1500 kJ)

VORSPEISEN

Rinderbrühe
(als Basis für Rinderconsommé)

Für etwa 3 Liter:
1 kg Rinderknochen (vom Metzger kleingesägt)
1 kg Rinderhesse (Beinfleisch, in groben Stücken)
Salz, 1 Zwiebel
1/2 Stange Staudensellerie
1/2 Stange Porree
2 Möhren
3 Lorbeerblätter
1 Tl schwarze Pfefferkörner
2 Stiele Petersilie
1 Stiel Liebstöckel

1. Die Rinderknochen 1 Minute in kochendem Wasser brühen, in einem großen Topf mit 3 l kaltem Wasser aufsetzen und zum Kochen bringen. Das Fleisch dazugeben und salzen. Das Fleisch bei milder Hitze 1 1/2 Stunden offen kochen lassen, zwischendurch immer wieder mit einer Schaum- oder Schöpfkelle abschäumen.

2. Inzwischen die Zwiebel halbieren. Die Schnittflächen in einer Pfanne ohne Fett kräftig bräunen. Das Gemüse putzen und grob zerschneiden.

3. Das Gemüse, die Zwiebelhälften, Lorbeer, Pfeffer, Petersilie und Liebstöckel in den Topf geben. Die Brühe bei milder Hitze langsam 30 Minuten kochen lassen, auch dabei immer wieder abschäumen.

4. Die Rinderbrühe kalt werden lassen und entfetten.

Zubereitungszeit: 2 1/2 Stunden
Pro Liter 6 g E, 1 g F, 4 g KH
= 50 kcal (208 kJ)

Rinderconsommé

Für 4–6 Portionen:
300 g Rindfleisch (Beinfleisch)
50 g Zwiebelwürfel
50 g Möhrenwürfel
200 g Selleriewürfel
80 g Porreewürfel
4 Eiweiß
1 l kalte Rinderbrühe (entfettet)
3 Stiele Petersilie
1 Zweig Thymian
2 Lorbeerblätter
10 schwarze Pfefferkörner
Salz, einige Petersilienblättchen zum Garnieren

1. Das Fleisch durch die grobe Scheibe des Fleischwolfs drehen, mit dem vorbereiteten Gemüse mischen und kalt stellen.

2. Das vorbereitete Fleisch und das Eiweiß zum Klären in einen hohen Topf geben. Die kalte Brühe vorsichtig dazugießen, alle Kräuter und Gewürze dazugeben. Die Brühe bei niedriger Temperatur in 45 Minuten ganz langsam aufkochen. Dabei mit dem Kochlöffel öfter auch am Topfboden umrühren, damit das Klärfleisch nicht ansetzt. Den Topf vom Herd nehmen, die Brühe noch 30 Minuten ziehen lassen.

3. Ein Sieb mit einem Mulltuch auslegen. Die Brühe durchgießen. Die fertige Consommé salzen.

4. Die Consommé vor dem Servieren langsam erhitzen, mit Pfannkuchensäckchen servieren (Rezept folgt) und mit Petersilienblättchen garnieren.

Zubereitungszeit: 1 3/4 Stunden
Pro Portion (bei 6 Portionen) 2 g E, 0 g F, 2 g KH = 21 kcal (88 kJ)

Pfannkuchensäckchen
(mit drei Füllungen)

Für 18 Säckchen:
Teig
90 g Mehl, 150 ml Milch
3 Eier, Salz, Pfeffer (Mühle)
Butterschmalz zum Braten
1 Bund Schnittlauch

Shrimpsfarce
100 g abgekochte Shrimps
2 El feingehackte Korianderblättchen
20 g Speisestärke
2 Eiweiß, Salz, Chili (Mühle)
je 1 El feine Sellerie-, Möhren- und Porreewürfel (blanchiert)

Kalbsfarce
100 g schieres Kalbshack
1 Eigelb
1 El feine Schalottenwürfel
1 Tl feine Knoblauchwürfel
1 Tl mittelscharfer Senf
Salz, Pfeffer (Mühle)
2 El feingehackte Rauke

Poulardenfarce
1 El Sesamsaat
100 g Poulardenbrust
2 El Staudensellerieblätter
10 ml Sesamöl
Salz, Pfeffer (Mühle)
eventuell 1 Eigelb

1. Für den Teig Mehl, Milch und Eier zu einem glatten Teig verrühren, salzen, pfeffern.

2. Während der Pfannkuchenteig ausquillt, für die Shrimpsfarce die Shrimps nicht zu fein hacken, in einer Schüssel mit dem Koriandergrün mischen, mit Speisestärke und Eiweiß glattrühren, mit Salz und Chili (Mühle, siehe Seite 154/155) würzen. Zum Schluß das kleingewürfelte Gemüse unterziehen.

3. Für die Kalbsfarce das Fleisch mit dem Eigelb verrühren. Schalotten und Knoblauch dazugeben. Mit Senf, Salz und Pfeffer herzhaft würzen. Zum Schluß die Rauke untermischen.

4. Für die Poulardenfarce die Sesamsaat in einer Pfanne ohne Fett rösten. Die Poulardenbrust fein würfeln. Die Staudensellerieblätter in Streifen schneiden. Die Poulardenbrust mit Staudensellerieblättern, Sesamsaat und Sesamöl mischen, salzen und pfeffern. Falls nötig, für die Bindung noch ein Eigelb unterziehen.

5. Aus dem Teig in einer kleinen, beschichteten Pfanne in heißem Butterschmalz nacheinander 18 hauchdünne Pfannkuchen (10 cm Ø) backen.

6. Den Schnittlauch im Bündel in der unpassierten Brühe (oder heißem Wasser) kurz blanchieren und abtropfen lassen.

7. Je 1 El Farce in die Mitte eines Pfannkuchens setzen. Den Pfannkuchen über der Füllung zum Säckchen hochziehen und mit einem Schnittlauchhalm zubinden.

8. Die Pfannkuchensäckchen in der unpassierten Brühe je 7 Minuten garen, anschließend abgetropft in Suppenteller setzen und die heiße Consommé dazugießen.

Zubereitungszeit: 2 Stunden
Pro Stück 6 g E, 6 g F, 6 g KH = 102 kcal (428 kJ)

Brühe, Consommé, Einlage

Die Rinder- und die Geflügelbrühe, die wir hier als Grundrezept vorstellen, sind eine hervorragende Basis für klare Suppen. Sie können sie in größeren Mengen zubereiten, portionsweise einfrieren und zu einer feinen Consommé weiterverarbeiten. Sie muß so klar sein, daß man den Boden des Tellers sieht. Außer den Pfannkuchensäckchen können Sie auch die verschiedensten Klößchen, Gemüse, Reis, Nudeln oder in dünne Streifen geschnittene Pfannkuchen in die Suppe geben.

Geflügelbrühe
(als Basis für Tomatenconsommé)

Für etwa 2 Liter:
1 Poularde (1,2 kg)
300 ml Weißwein
1 Zwiebel
1 Bund Suppengrün (400 g)
2 Tomaten
1/2 Bund glatte Petersilie
10 weiße Pfefferkörner
1 Zweig Majoran
Salz

1. Die Poularde waschen, in einem großen Topf mit 3 1/2 l kaltem Wasser und Weißwein aufsetzen. Die Zwiebel ungeschält halbieren, das Suppengrün grob zerteilen, die Tomaten vierteln. Alles mit Petersilie, Pfefferkörnern und Majoran in den Topf geben.

2. Die Poularde bei milder Hitze in 1 1/2 Stunden langsam weichkochen, dabei zwischendurch immer wieder abschöpfen. Das Huhn aus dem Topf nehmen. Die Geflügelbrühe durch ein feines Sieb gießen und salzen.

3. Die Geflügelbrühe kalt werden lassen und entfetten.

Zubereitungszeit: 2 Stunden
Pro Liter 5 g E, 1 g F, 4 g KH = 76 kcal (318 kJ)

Tomatenconsommé

Für 4 Portionen:
40 g Butterschmalz
1 El Schalottenwürfel
2 gehackte Knoblauchzehen
300 g Tomatenviertel (von großen vollreifen Tomaten)
2 Stiele Basilikum
3 Zweige Thymian
2 Lorbeerblätter
1 Tl schwarze Pfefferkörner
2 El Tomatenmark
1 l kalte Geflügelbrühe (entfettet)
1/4 l Tomatensaft
300 g durchgedrehte Putenbrust
6 Eiweiß
2 Handvoll Eiswürfel
Salz
Cayennepfeffer
einige Petersilienblätter zum Garnieren

1. Das Butterschmalz im Topf erhitzen. Schalotten und Knoblauch darin glasig anschwitzen. Tomatenviertel, Basilikum, Thymian, Lorbeer, Pfefferkörner dazugeben. Das Tomatenmark unterrühren und ganz kurz anschwitzen. Den Consommé-Ansatz kalt werden lassen.

2. Den kalten Ansatz mit kalter Geflügelbrühe und kaltem Tomatensaft auffüllen. Putenbrust, Eiweiß und Eiswürfel vermengen und in den Topf geben. Alles bei niedriger Hitze langsam in 30 Minuten aufkochen lassen. Den Topf vom Herd nehmen. Die Consommé abkühlen lassen.

3. Ein feines Sieb mit einem Mulltuch auslegen. Die Consommé nach dem Klären mit Salz und Cayennepfeffer abschmecken und durch das ausgelegte Sieb gießen.

4. Die Tomatenconsommé langsam erwärmen und dann mit Pfannkuchensäckchen und mit Petersilienblättern garniert servieren.

Zubereitungszeit: 1 1/2 Stunden
Pro Portion 3 g E, 19 g F, 4 g KH = 129 kcal (538 kJ)

VORSPEISEN

Chicoreesalat mit Spinat und Senfsauce

Für 4 Portionen:
250 g Chicoree
250 g Blattspinat

Sauce
1 Eigelb
100 ml Öl
3 El Balsamessig
2 gehackte Sardellenfilets
1 gehackte Knoblauchzehe
10 Kapern
1 Tl Senf
Salz, Pfeffer (Mühle)
1 Tl Zitronensaft
50 ml Brühe
1 El Créme fraîche
8 halbierte Cocktailtomaten

1. Die Chicoreekolben putzen, den bitteren Kern keilförmig herausschneiden. Die Chicoreeblätter in Streifen schneiden.

2. Den Spinat verlesen und die Stiele abzupfen. Die Blätter gründlich waschen, gut abtropfen lassen und trockenschleudern.

3. Für die Sauce Eigelb, Öl, Essig, Sardellen, Knoblauch, Kapern und Senf in einen Mixbecher geben und mit dem Schneidstab cremig pürieren. Die Sauce mit Salz, Pfeffer und Zitronensaft würzen. Die Brühe und die Créme fraîche einrühren.

4. Chicoree und Spinat in einer flachen Schüssel mit der Sauce mischen und den Cocktailtomaten garnieren

Der Salat paßt auch gut als Beilage zur gefüllten Schweinebrust (Rezept Seite 91).

Zubereitungszeit: 30 Minuten
Pro Portion 5 g E, 30 g F, 4 g KH
= 301 kcal (1260 kJ)

VORSPEISEN

Kartoffelwaffeln mit Bananen-Dip

Für 4 Portionen:
250 g mehlig kochende Kartoffeln
Salz
4 Eier
5 El Schlagsahne
2 El Magerquark
30 g Hartweizengrieß
100 g Weizenmehl
Pfeffer (Mühle)
1 El gehackte Majoranblätter
Öl zum Backen

Bananen-Dip
150 g Magerquark
150 g Joghurt
1 Tl mildes Currypulver
1 Msp. Kurkumapulver
1 El Bananenlikör
1 El Zitronensaft
2 Bananen (200 g)
Salz, 2 El Minzestreifen
Chilipulver (Mühle)

1. Die Kartoffeln in Salzwasser garen, abgießen, gut ausdämpfen lassen und dann schälen.

2. Die Kartoffeln lauwarm (auf keinen Fall kalt) durch die Kartoffelpresse drücken. Eier, Sahne, Quark, Grieß und Mehl zugeben, alles gut verrühren, herzhaft salzen und pfeffern. Den Teig nicht zu lange rühren, damit er nicht zäh wird. Den Majoran unterrühren. Den Teig 20 Minuten gehen lassen, damit der Grieß ausquellen kann.

3. Das heiße Waffeleisen dünn mit Öl einpinseln. Teig portionsweise hineingeben und Waffeln backen.

4. Für den Dip Quark und Joghurt in einer Schüssel glattrühren. Currypulver, Kurkuma, Bananenlikör und Zitronensaft unterrühren.

5. Die Bananen schälen, in dünne Scheiben schneiden, unterrühren. Den Dip salzen. Die Bananen mit der Gabel leicht zerdrücken. Zum Schluß die Minzestreifen unterrühren.

6. Die Waffeln in Dreiecke schneiden, mit dem Dip anrichten und mit Chilipulver (Mühle, siehe Seite 154/155) bestreuen.

Zubereitungszeit: 1 Stunde
Pro Portion 19 g E, 15 g F, 42 g KH
= 389 kcal (1630 kJ)

HAUPTGERICHTE Raffiniert und schnell,

herzhaft und mild, deftig und fein

Rinderfilet mit Nußkruste

Für 4–6 Portionen:
850 g Rinderfilet (aus dem Mittelstück geschnitten)
Salz, Pfeffer (Mühle)
20 g Butterschmalz
3 Zweige Rosmarin
3 Zweige Thymian
50 g Shiitake-Pilze
50 g Austernpilze
50 g Champignons
20 g Butter
2 El Schalottenwürfel
1 Tl Steinpilzmehl
1 Tl Honig, Cayennepfeffer
80 g grob gemahlene Walnüsse (ohne Fett geröstet)
1 Eigelb, 2 El Eischnee

1. Das Rinderfilet putzen und mit Salz und Pfeffer würzen.

2. Das Butterschmalz in einer Pfanne erhitzen. Das Rinderfilet darin rundherum anbraten, dabei Rosmarin und Thymian mit in die Pfanne geben.

3. Ein Backblech mit Alufolie auslegen. Das Fleisch ohne die Kräuter darauflegen und auskühlen lassen.

4. Inzwischen die Pilze putzen und klein würfeln. Die Butter in einer Pfanne erhitzen. Die Pilze darin anbraten. Nach 4 Minuten die Schalotten dazugeben und glasig dünsten. Die Pilze mit Steinpilzmehl (Mühle, siehe Seite 154/155) bestäuben, mit dem Honig glasieren und in eine Schüssel geben. Die Pilze herzhaft mit Salz und Cayennepfeffer würzen und auskühlen lassen.

5. Die Pilze mit den abgekühlten Walnüssen mischen. Das Eigelb unterrühren. Den Eischnee unterheben. Gleichmäßig mit einer Palette auf das Filet streichen.

6. Das Filet im vorgeheizten Backofen auf der 2. Einschubleiste von unten bei 170 Grad 25 Minuten braten (Gas 1–2, Umluft 25 Minuten bei 150 Grad), dann unter dem Grill bei 250 Grad 5 Minuten gratinieren. Vor dem Aufschneiden 10 Minuten ruhenlassen.

Mit geschmortem Wirsing servieren (Rezept Seite 98).

Zubereitungszeit: 1 1/4 Stunden
Pro Portion (bei 6 Portionen) 34 g E, 22 g F, 3 g KH = 339 kcal (1421 kJ)

HAUPTGERICHTE

Gebackene Kalbszunge im Meerrettichmantel

Für 4–6 Portionen:

Zunge
1 kleine gepökelte Kalbszunge (600–800 g, beim Metzger bestellen und vorputzen lassen)
Salz
100 g Möhren (grob gewürfelt)
100 g Staudensellerie (grob gewürfelt)
100 g Porreeringe
3 Wacholderbeeren
5 schwarze Pfefferkörner
1 Zwiebel
1 Lorbeerblatt
2 Gewürznelken

Backteig
60 g frischer Meerrettich
4 Eigelb, 175 g Mehl
150 ml Weißwein
Salz, weißer Pfeffer (Mühle)
Zucker
2 El feine Schnittlauchröllchen
2 Eiweiß
200 g Butterschmalz

1. Die Zunge mit 1 1/2 l kaltem Wasser und wenig Salz in einen großen Topf geben und zum Kochen bringen. Nach 30 Minuten das Gemüse, die Wacholderbeeren und Pfefferkörner dazugeben. Die Zwiebel pellen, mit dem Lorbeerblatt und den Nelken spicken, ebenfalls in den Topf geben. Die Zunge bei milder Hitze 1 1/4 Stunden langsam kochen lassen, dabei immer wieder abschäumen.

2. Mit einer Fleischgabel in die Zunge pieksen und prüfen, ob sie gar ist. Die Zunge aus dem Sud nehmen und leicht abkühlen lassen. Die Haut abziehen, solange die Zunge noch warm ist. Die Zunge mit einem feuchten Küchentuch bedecken und beiseite stellen.

3. Den Meerrettich schälen und grob reiben. Eigelb, 125 g Mehl und Weißwein verrühren, mit Salz, Pfeffer und 1 Prise Zucker würzen. Die Schnittlauchröllchen unterziehen. Das Eiweiß mit 1 Prise Salz sehr steif schlagen und unter den Teig heben. Den Meerrettich vorsichtig unterrühren.

4. Das Butterschmalz in einer großen Pfanne erhitzen.

5. Die Kalbszunge in 1/2 cm dünne Scheiben schneiden. Die Scheiben erst im restlichen Mehl wenden, dann mit einer Gabel durch den Backteig ziehen und sofort portionsweise im heißen Butterschmalz von beiden Seiten insgesamt 3–4 Minuten goldgelb ausbacken. Die gebackenen Kalbszungenscheiben auf Küchenpapier abtropfen lassen.

Lauchsalat mit Tomatenvinaigrette und Joghurt-Remoulade dazu servieren (Rezepte auf Seite 21).

Zubereitungszeit: 2 1/2 Stunden
Pro Portion (bei 6 Portionen) 23 g E, 36 g F, 25 g KH = 523 kcal (2190 kJ)

Lafers Extra-Tip

Wenn Sie den frisch geriebenen Meerrettich etwas länger stehen lassen müssen, sollten Sie ihn mit Zitronensaft beträufeln, damit er nicht braun wird.

HAUPTGERICHTE

Gefüllte Putenkeulen mit Orangen-Whiskey-Sauce

Für 4–6 Portionen:
2 kleine Putenkeulen
(à ca. 600 g)
Salz, weißer Pfeffer (Mühle)
200 g Spinat
2 Scheiben Weizentoastbrot
(ohne Rinde)
70 g Butter (davon 30 g kalt)
120 g Geflügelleber
3 El Butterschmalz
1 El Schalottenwürfel
1 Tl Knoblauchwürfel
1 Tl Majoranblättchen
1 Eigelb
Muskatnuß (frisch gerieben)
2 El brauner Kandiszucker
(gemahlen, oder Rohrzucker)
1/8 l Bourbon-Whiskey
1/4 l Orangensaft
(frisch gepreßt)
1/4 l Geflügelfond (Glas)
1 El Estragonblätter
evtl. 1 Tl Speisestärke zum Binden

1. Die Putenkeulen nachputzen: Häute und grobe Sehnen auf der Fleischseite entfernen, den Knochen an der Unterkeule etwas freischaben. Den Knochen aus der Oberkeule auslösen. Um die Oberfläche der Oberkeule zu vergrößern, die dicken Fleischteile etwas einschneiden und auseinanderklappen (das alles macht auf Wunsch auch der Geflügelhändler). Die Oberkeule mit dem Plattiereisen plattieren. Die Keulen mit Salz und Pfeffer würzen, mit Klarsichtfolie bedecken, beiseite stellen.

2. Für die Füllung den Spinat gut waschen, in kochendem Salzwasser blanchieren, in Eiswasser abschrecken, abtropfen lassen, gut ausdrücken und kleinschneiden. Das Toastbrot würfeln und in 40 g Butter bräunen.

3. Die Geflügelleber kleinschneiden und in 1 El nicht zu heißem Butterschmalz kurz anbraten. Die Schalotten und den Knoblauch dazugeben und glasig dünsten. Den Spinat unterrühren und mit Majoranblättchen würzen. Die Brotwürfel unter den Spinat mischen, das Eigelb unterziehen. Die Füllung herzhaft mit Muskat, Salz und weißem Pfeffer würzen.

4. Die Füllung auf die plattierten Oberkeulen setzen. Das Fleisch darüber zusammenklappen. Die Keulen umdrehen, die Seiten fest andrücken. Die Keulen jetzt mit Küchengarn wie einen Rollbraten zusammenbinden. Die Keulen auch außen mit Salz und Pfeffer würzen.

5. Das restliche Butterschmalz im Bräter nicht zu stark erhitzen. Die Keulen darin mit der Hautseite zuerst anbraten, umdrehen und ebenfalls anbraten. Den Kandiszucker aufs Fett im Bräter streuen und leicht karamelisieren lassen, mit dem Whiskey ablöschen, dann mit Orangensaft und Geflügelfond auffüllen.

6. Die Keulen im vorgeheizten Backofen auf der 2. Einschubleiste von unten bei 200 Grad etwa 1 Stunde offen garen (Gas 3, Umluft 1 Stunde bei 180 Grad). Die Keulen mehrmals mit dem Bratfond begießen, damit sie eine schöne braune Kruste bekommen.

7. Die Keulen aus dem Bräter nehmen, mit Alufolie zudecken und warm stellen. Den Bratfond durch ein Sieb in einen Topf umgießen, entfetten und etwas einkochen lassen. Zum Schluß die kalte Butter in kleinen Stücken unterrühren. Die Sauce mit Estragon würzen. Falls nötig: Die Speisestärke mit wenig Wasser glattrühren und die Sauce nach und nach damit binden.

8. Das Küchengarn von den Keulen entfernen. Die Oberkeulen schräg in dicke Scheiben schneiden, mit etwas Sauce übergießen und mit der restlichen Sauce servieren.

Dazu ein sahniges Kartoffelpüree mit getrockneten Tomaten servieren (Rezept auf Seite 104).

Zubereitungszeit: 2 1/2 Stunden
Pro Portion (bei 6 Portionen) 38 g E, 36 g F, 16 g KH = 570 kcal (2381 kJ)

HAUPTGERICHTE

Pochiertes Rinderfilet mit Estragonsauce

Für 4 Portionen:

Fleisch
4 Rinderfilets (à 180 g)
2 Schalotten
1 Stange Staudensellerie
10 g Butterschmalz
Salz, Pfeffer (Mühle)
2 Lorbeerblätter
3 Zweige Thymian
1 Tl weiße Pfefferkörner
1 Tl mittelscharfer Senf
100 ml Rinderfond (Glas)
200 ml Weißwein
abgeriebene Schale von
1/2 Zitrone (unbehandelt)

Sauce
75 ml Sud (von den Filets)
3 Eigelb
100 g geklärte, warme Butter
Salz, Pfeffer (Mühle)
1 Tl gehackter Estragon
1 Tl gehackter Kerbel
Saft von 1/2 Zitrone

1. Die Rinderfilets mit Küchengarn in der Mitte fest zusammenbinden, damit sie eine schöne Form bekommen.

2. Die Schalotten pellen und in feine Streifen schneiden. Den Staudensellerie putzen und in 1 cm dicke Scheiben schneiden.

3. Das Butterschmalz in einer Pfanne erhitzen. Die Filets darin anbraten, nach dem Umdrehen salzen und pfeffern und 2–3 Minuten rundherum weiter braten (auch auf den Seiten, damit beim Pochieren kein Fleischsaft herauslaufen kann). Die Filets aus der Pfanne nehmen.

4. Schalotten, Sellerie, Lorbeer, Thymian und Pfefferkörner im Bratfett kräftig anrösten. Den Senf unterrühren und kurz mitbraten, mit dem Rinderfond ablöschen, den Weißwein dazugießen und mit Zitronenschale würzen. Die Flüssigkeit bei starker Hitze um ein Drittel einkochen lassen. Den Gewürzsud durch ein feines Sieb gießen und abkühlen lassen.

5. Die Filets dicht an dicht in einen Gefrierbeutel legen. Den Gewürzsud dazugießen. Die Luft aus dem Beutel drücken. Den Beutel fest verschließen.

6. Den Beutel mit den Filets in einen Topf mit so viel heißem Wasser geben, daß er gut bedeckt ist, und mit einem Teller beschweren. Die Filets bei ca. 80 Grad 20–25 Minuten pochieren. Die Filets mit dem Sud in eine Schüssel schütten. Die Filets herausnehmen, abtropfen und etwas ruhenlassen.

7. Für die Sauce 75 ml Sud in einen Schneekessel gießen und samt Eigelb über dem heißen Wasserbad mit dem Schneebesen in 10–13 Minuten dickflüssig-schaumig aufschlagen. Die Sauce vom Wasserbad nehmen, weiter schlagen, dabei die geklärte Butter in dünnem Strahl dazugießen. Die Sauce salzen und pfeffern, Estragon und Kerbel dazugeben und mit Zitronensaft abschmecken.

8. Rinderfilets ohne Küchengarn auf vorgewärmte Teller geben und mit Estragonsauce beträufeln.

Grießplätzchen mit Raukesalat dazu servieren (Rezept Seite 116).

Zubereitungszeit: 1 Stunde
Pro Portion 42 g E, 41 g F, 2 g KH
= 556 kcal (2332 kJ)

Lafers Extra-Tip

Geklärte Butter – ganz einfach: Butter besteht, grob gesagt, aus Molke und Fett. In der Molke ist Eiweiß enthalten, das beim Braten verbrennt. Damit das nicht geschieht (vorausgesetzt, man will die Butter hoch erhitzen), muß man das Fett von der Molke trennen, und das nennt man „klären". Die Butter in einen Topf geben, kräftig aufkochen lassen und in ein anderes Gefäß umgießen.
Die Molke setzt sich beim Abkühlen nach unten ab, das Fett schwimmt, wie immer, oben. Man nimmt es einfach ab und hat das reine Butterfett.

HAUPTGERICHTE

Schweinsgulasch

Für 4–6 Portionen:
600 g Zwiebeln
50 g Butterschmalz
2 El Paprikapulver (edelsüß)
2 El Weißweinessig
1 l Fleischbrühe (Glas)
10 weiße Pfefferkörner
5 Zweige Majoran
3 Lorbeerblätter
800 g Schweinekeule (ohne Knochen)
2 Möhren (150 g)
1 gelbe Paprikaschote
abgeriebene Schale von
1 Zitrone (unbehandelt)
1 Knoblauchzehe (gehackt)
Salz, Pfeffer (Mühle)
1/2 Tl Kümmel
40 g Butter
1 Tl Thymianblättchen
2 El Crème fraîche

1. Die Zwiebeln pellen und in feine Streifen schneiden.

2. Das Butterschmalz im Bräter erhitzen. Die Zwiebeln darin langsam goldbraun braten, danach etwas abkühlen lassen. Jetzt erst das Paprikapulver unterrühren. Weißweinessig und Brühe dazugießen. Pfefferkörner, Majoran und Lorbeer dazugeben. Den Zwiebelsud bei mittlerer Hitze 30 Minuten kochen lassen.

3. Inzwischen Sehnen und Häute vom Fleisch abschneiden. Das Fleisch grob würfeln (3x3 cm). Die Möhren schälen und in Scheiben schneiden. Die Paprikaschote mit dem Sparschäler schälen, vierteln, entkernen, waschen, erst in Streifen, dann in Rauten schneiden. Das Gemüse zugedeckt beiseite stellen.

4. Den Zwiebelsud durch ein feines Sieb in einen breiten Topf umgießen. Die Zwiebeln dabei mit einem Gummispachtel gut -durchdrücken, damit die Sauce gut bindet. Das Fleisch in die Sauce geben, mit Zitronenschale, Knoblauch, Salz, Pfeffer und Kümmel (Mühle, siehe Seite 154/155) würzen. Das Fleisch bei milder Hitze langsam 1 Stunde garen.

5. Die Butter in einer Pfanne erhitzen. Möhren und Paprika bei milder Hitze darin braten, dabei durchschwenken, salzen und pfeffern. Die Thymianblättchen unterrühren.

6. Das Gemüse zu dem Gulasch geben. Crème fraîche in kleinen Nocken darauf setzen.

Mit Sauerkrautknödelrolle servieren (Rezept auf Seite 106).

Zubereitungszeit: 2 Stunden
Pro Portion (bei 6 Portionen) 31 g E, 24 g F, 7 g KH = 371 kcal (1548 kJ)

Lafers Extra-Tip

Da das Fleisch für das Gulasch im Gegensatz zur klassischen Methode nicht angebraten wird, ist es wichtig, daß es langsam bei ganz milder Hitze gegart wird. So bleibt es zart und saftig.

HAUPTGERICHTE

Gebackener Kümmelschinken mit Römersalat

Für 4 Portionen:

Schinken
*4 Scheiben geräucherter Schinken (à 75 g)
1/2 l Milch
1–2 getrocknete Kümmelstangen (100 g)
1 Tl gehackter Kümmel
3 Eigelb, 30 g Mehl
100 g Butterschmalz*

Salat
*1 Kopf Römersalat
150 ml Crème fraîche
100 ml Milch, 1 El Zitronensaft
Zucker, Salz, Chili
50 g Blauschimmelkäse*

1. Schinken in Milch einlegen, mit Klarsichtfolie zudecken und 2–3 Stunden in den Kühlschrank stellen. Dann auf Küchenpapier abtropfen lassen.

2. Die Kümmelstangen in der Moulinette fein zermahlen, in einer Arbeitsschale mit dem Kümmel mischen. Das Eigelb in einer Arbeitsschale verquirlen. Das Mehl ebenfalls in eine Arbeitsschale geben. Die Schinkenscheiben mit einer Fleischgabel erst durch das Mehl ziehen, im Eigelb wenden und schließlich tief in die Kümmelbrösel drücken.

3. Das Butterschmalz in einer großen Pfanne nicht zu stark erhitzen, damit der Kümmel und die Panade beim Braten nicht verbrennen. Die panierten Schinkenscheiben im heißen Fett langsam von beiden Seiten goldbraun braten.

4. Den Salat putzen (die harten Stiele abschneiden), waschen, gut abtropfen lassen, in einzelne Blätter zupfen und auf einer Platte ausbreiten.

5. Für die Sauce Crème fraîche mit Milch verrühren, Zitronensaft dazugießen, mit 1 Prise Zucker, Salz und gemahlenem Chili (Mühle, siehe Seite 154/155) würzen.

6. Den Salat mit der Sauce beträufeln. Den Käse stückchenweise durch die Knoblauchpresse auf den Salat pressen. Schinken auf dem Salat servieren.

Zubereitungszeit: 45 Minuten
(plus Marinierzeit)
Pro Portion 29 g E, 41 g F, 22 g KH
= 572 kcal (2395 kJ)

HAUPTGERICHTE

Geschmorte Lammhaxen

Für 4 Portionen:

Haxen
4 Lammhaxen (à 250 g)
Salz, Pfeffer (Mühle)
40 g Butterschmalz
250 g Zwiebel
(grob gewürfelt)
150 g Möhren
(grob gewürfelt)
150 g Staudensellerie
(grob gewürfelt)
2 Knoblauchzehen (halbiert)
3 Zweige Rosmarin
3 Zweige Thymian
1/4 l Rotwein
400 ml Lammfond (Glas)

Sauce
30 g Butterschmalz
1 El Schalotten (gewürfelt)
1 Tl Knoblauch (gewürfelt)
200 g Lammhack (frisch durchgedreht)
Salz, Pfeffer (Mühle)
1 Tl gehackter Thymian
1/2 Tl gehackter Rosmarin
1 El Tomatenmark
3 El Tomatenketchup
1/4 l Tomatensaft
1/4 l passierter Lammfond
(von den Haxen)

1. Die Lammhaxen parieren (Häute und Sehnen entfernen) und rundherum mit Salz und Pfeffer würzen.

2. Butterschmalz im Bräter erhitzen. Die Haxen darin rundherum anbraten und wieder herausnehmen. Zwiebel-, Möhren- und Selleriewürfel im Fett anrösten. Knoblauch und Kräuter dazugeben und kurz anrösten. Den Bratansatz mit Rotwein ablöschen, den Lammfond dazugießen. Die Haxen wieder in den Bräter geben und zudecken.

3. Den Bräter im vorgeheizten Backofen auf die unterste Einschubleiste setzen. Das Fleisch bei 180 Grad etwa 1 1/4 Stunden schmoren (Gas 2–3, Umluft etwa 1 1/2 Stunden bei 150 Grad).

4. Die Haxen aus dem Schmorfond nehmen, mit Alufolie zudecken und im Backofen bei 90 Grad warm stellen (Gas 1/2, Umluft 70 Grad).

5. Den Schmorfond mit einer Kelle entfetten, kräftig auf 250 ml (etwa die Hälfte) einkochen lassen und anschließend passieren.

6. Für die Sauce das Butterschmalz im Topf erhitzen. Schalotten und Knoblauch darin glasig andünsten. Das Lammhack dazugeben und bräunen. Das Hack mit Salz, Pfeffer, Thymian und Rosmarin würzen. Das Tomatenmark dazugeben und ganz kurz mitrösten. Tomatenketchup und -saft dazugeben und mit dem eingekochten und passierten Lammfond auffüllen.

7. Die Masse umrühren und einkochen lassen, bis die Hacksauce schön sämig ist. Noch einmal abschmecken und zu den geschmorten Lammhaxen servieren.

Mit Rosmarinkartoffeln servieren (Rezept Seite 107).

Zubereitungszeit: 2 Stunden
Pro Portion 44 g E, 30 g F, 12 g KH
= 515 kcal (2151 kJ)

HAUPTGERICHTE

Kalbsmedaillons mit Spargel und glasiertem Salbei

Für 4 Portionen:
800 g Spargel
Salz, 1 El Zucker
4 geschälte Zitronenscheiben
50 g Butter
500 g Kalbsfilet (Mittelstück)
2 El Butterschmalz
Pfeffer (Mühle)
2 Zweige Salbei
2 El Honig

Sauce Hollandaise
200 ml Weißwein
100 g Schalotten (gewürfelt)
2 Lorbeerblätter
15 weiße Pfefferkörner
3 Eigelb
150 g weiche Butter
Salz, Cayennepfeffer
2 El Zitronensaft

1. Den Spargel gründlich schälen und die Enden großzügig abschneiden. Den Spargel in ein feuchtes Tuch einwickeln, damit er nicht austrocknet. Spargelschalen und -enden mit Salz, Zucker, Zitronenscheiben und 20 g Butter in einen großen Topf geben, mit Wasser knapp bedecken und 15 Minuten auskochen.

2. Den Spargelsud durch ein Sieb in einen breiten Topf gießen, salzen und 20 g Butter hineinrühren. Den Spargel in den Spargelfond legen und bei milder Hitze 15–18 Minuten garen.

3. Das Kalbsfilet in 4 Medaillons schneiden, in der Mitte mit Küchengarn fest zusammenbinden. Das Butterschmalz in einer Pfanne erhitzen. Die Medaillons darin von jeder Seite 3–4 Minuten braten, beim Braten immer wieder mit dem heißen Fett beschöpfen, damit sie nicht austrocknen. Dann salzen und pfeffern.

4. Den Salbei zu den Kalbsmedaillons geben und kurz mitbraten. Den Honig und die restliche Butter unterrühren. Die Kalbsmedaillons damit glasieren, beiseite stellen und noch etwas ruhenlassen.

5. Den Spargel aus dem Sud nehmen, auf einem Küchentuch abtropfen lassen, auf einer vorgewärmten Platte anrichten. Die Medaillons darauf setzen und mit der Salbeibutter beträufeln und warm stellen.

6. Für die Sauce Hollandaise den Weißwein mit Schalottenwürfeln, Lorbeer und Pfefferkörnern auf 1/4 einkochen. Die Reduktion abkühlen lassen.

7. Das Eigelb in einen Schneekessel geben. Die Reduktion durch ein Sieb dazugießen und über dem heißen Wasserbad relativ fest und cremig aufschlagen. Den Schneekessel vom Wasserbad nehmen, die Masse noch etwas weiterschlagen. Die zimmerwarme Butter nach und nach stückchenweise einrühren. Die Sauce mit Salz, Cayennepfeffer und Zitronensaft abschmecken. Die Sauce Hollandaise zu den Kalbsmedaillons reichen.

Mit gebackenen Kartoffeln servieren (Rezept Seite 119).

Zubereitungszeit: 1 1/4 Stunden
Pro Portion 30 g E, 59 g F, 13 g KH
= 719 kcal (3017 kJ)

Lafers Extra-Tip

Spargel schälen: Stellen Sie eine Schüssel mit dem Boden (der im Durchmesser etwas kleiner ist als eine Spargelstange lang) nach oben vor sich auf die Arbeitsplatte. Jetzt legen Sie die Spargelstange auf den Boden, halten den Spargel am Kopf fest und schälen die Stange mit einem Spargelschäler rundherum gründlich ab. Wenn Sie so arbeiten, können die Spargelstangen nicht brechen.

HAUPTGERICHTE

Gebackene Lamm-Medaillons

Für 4 Portionen:
2 Lammrückenstränge
(à 350 g)
Öl, Salz, Pfeffer (Mühle)
100 g Butterschmalz
5 Knoblauchzehen (gehackt)
2 El geschlagene Sahne
3–4 Eier
120 g gemahlenes Weißbrot
(vom Vortag)
1 Tl Thymian (gehackt)
1/2 Tl Rosmarin (gehackt)
50 g Mehl

1. Aus den Lammrückensträngen 8 Medaillons schneiden, in einem aufgeschlitzten und mit wenig Öl beträufelten Gefrierbeutel nicht zu dünn plattieren. Die Medaillons mit Salz und Pfeffer würzen.

2. 1 El Butterschmalz im Topf schmelzen lassen. Knoblauch darin glasig dünsten. Restliches Butterschmalz dazugeben und schmelzen lassen.

3. Inzwischen die Medaillons panieren: Die geschlagene Sahne und die Eier mit der Gabel verrühren. Das Weißbrot mit Thymian und Rosmarin mischen. Die Medaillons mit der Gabel erst im Mehl wenden, durch das Ei ziehen und dann fest ins Weißbrot drücken.

4. Das aromatisierte Butterschmalz durch ein Sieb in eine Pfanne gießen und nicht zu stark erhitzen. Die Medaillons bei nicht zu großer Hitze darin von beiden Seiten goldgelb mehr ausbacken als braten.

Kartoffelsalat mit Staudensellerie und Orangen dazu servieren (Rezept auf Seite 103).

Zubereitungszeit: 40 Minuten
Pro Portion 40 g E, 56 g F, 24 g KH
= 754 kcal (3158 kJ)

Lafers Extra-Tip

Wenn Sie das Butterschmalz vor dem eigentlichen Braten mit Knoblauch aromatisieren und dann passieren, kann der Knoblauch, wie das leicht geschieht, beim Braten nicht mehr verbrennen. Sie können jedes Fett mit jedem Kraut oder Gewürz aromatisieren – tun Sie es auf jeden Fall für feine Gerichte.

HAUPTGERICHTE

Überbackene Lammkoteletts

Für 4 Portionen:
12 Lammkoteletts (à 50 g, die langen Knochen vom Metzger freigeschabt)
100 ml Öl
1 Tl grob geschroteter, schwarzer Pfeffer
3 geviertelte Knoblauchzehen
5 Zweige Rosmarin
3 Zweige Thymian
2 Lorbeerblätter, Salz
1 El Senf
150 g Ziegenfrischkäse
30 g Weißbrotbrösel
1 Tl Thymianblättchen (gehackt)
1 Tl Rosmarinnadeln (gehackt)
60 g kalte Butter

1. Die Koteletts mit Öl, Pfeffer, Knoblauch, Rosmarin, Thymian und Lorbeer 3–4 Stunden marinieren (im Kühlschrank, mit Klarsichtfolie zugedeckt).

2. Eine Grillpfanne erhitzen und etwas Kräuteröl von den Koteletts darin erhitzen. Die Koteletts darin portionsweise von beiden Seiten jeweils 2 Minuten anbraten. Die Marinierkräuter mitbraten. Die Koteletts beim Umdrehen salzen und pfeffern.

3. Die gebratenen Koteletts mit den Kräutern in eine feuerfeste Form legen, dünn mit Senf bestreichen und mit je 1 Scheibe Ziegenkäse (1/2 cm dick) belegen. Die Weißbrotbrösel mit dem gehackten Thymian und Rosmarin verrühren, je 1 Tl auf den Ziegenkäse geben. Obendrauf je 1 Scheibe kalte Butter legen.

4. Die Koteletts im vorgeheizten Backofen auf der 3. Einschubleiste von unten bei 250 Grad 5 Minuten überbacken (Gas 5, Umluft 5 Minuten bei 250 Grad).

Die überbackenen Lammkoteletts mit geschmortem Spitzkohl servieren (Rezept Seite 110).

Zubereitungszeit: 30 Minuten (plus Marinierzeit)
Pro Portion 19 g E, 48 g F, 6 g KH = 526 kcal (2203 kJ)

HAUPTGERICHTE

Glasiertes Schweinscarré

Für 4–6 Portionen:
1,5 kg Schweinscarré
(die Rippenknochen vom
Metzger freigeschabt)
Salz, Pfeffer (Mühle)
3 El Sesamöl
2 El Schalotten (gewürfelt)
1 El Knoblauch (gewürfelt)
1 El frische Ingwerwurzel
(gewürfelt)
1 Msp. Chilipulver
1 Tl mildes Currypulver
2 El Kastanienhonig
1/4 l Tomatensaft
1 El Ketchup
200 ml Fleischbrühe (Glas)

1. Das Schweinscarré putzen (Häute und Sehnen abschneiden), rundherum mit Salz und Pfeffer würzen.

2. Das Sesamöl in einem Bräter erhitzen. Das Carré darin in 4–5 Minuten rundherum anbraten und aus dem Bräter nehmen.

3. Schalotten-, Knoblauch- und Ingwerwürfel ins Bratöl geben und darin kurz und hell bräunen. Chili- und Currypulver darüberstäuben und sofort den Honig unterrühren. Mit dem Tomatensaft ablöschen, den Ketchup unterrühren, mit Fleischbrühe auffüllen und salzen. Das Fleisch in den Bräter legen und mit der Sauce beschöpfen.

4. Den Bräter im vorgeheizten Backofen auf die 2. Einschubleiste von unten setzen. Das Fleisch offen bei 200 Grad 55 Minuten braten (Gas 3, Umluft 1 Stunde bei 180 Grad), dabei zwischendurch immer wieder mit dem Bratfond übergießen, damit das Fleisch einen schönen Glanz bekommt.

5. Das Fleisch aus dem Bräter nehmen, den Bratfond durch ein feines Sieb gießen und noch etwas einkochen lassen. Das Fleisch aufschneiden. Mit der Sauce und Pfannengemüse mit Pilzen servieren (Rezept Seite 100).

Zubereitungszeit: 1 1/2 Stunden
Pro Portion (bei 6 Portionen) 41 g E, 15 g F, 10 g KH = 338 kcal (1418 kJ)

HAUPTGERICHTE

Wiener Schnitzel

Für 4 Portionen:
1 El Öl
4 Kalbsschnitzel (à 120 g, aus der Keule geschnitten)
Salz, Pfeffer (Mühle)
2 Eier
2 El geschlagene Sahne
50 g Mehl
150 g Semmelbrösel
100 g Butterschmalz

Garnitur
4 Zitronenscheiben ohne Schale
4 Sardellenringe, 1 El Kapern
4 Blätter glatte Petersilie

1. Klarsichtfolien mit Öl beträufeln. Die Schnitzel dazwischen mit dem Plattiereisen dünn ausklopfen. Die Schnitzel aus der Folie nehmen, salzen und pfeffern.

2. Die Eier und die geschlagene Sahne mit einer Gabel verquirlen.

3. Die Schnitzel mit der Fleischgabel erst in Mehl wenden, dann durch das Ei ziehen und anschließend tief in die Semmelbrösel drücken. Die Panade fest andrücken und überschüssige Brösel leicht abschütteln.

4. Das Butterschmalz in einer großen oder zwei kleinen Pfannen erhitzen.

5. Die Schnitzel im heißen Butterschmalz bei nicht zu starker Hitze langsam von beiden Seiten (pro Seite 2–3 Minuten) bräunen, zwischendurch mit dem Bratfett beschöpfen, damit sie saftig werden. Die Schnitzel nach dem Braten auf Küchenpapier abtropfen lassen.

6. Die Wiener Schnitzel klassisch garnieren: Auf jede Zitronenscheibe einen Sardellenring setzen. In jeden Ring ein paar Kapern und 1 Petersilienblatt geben. Die Zitronenscheiben auf die Schnitzel setzen.

Mit einem Kartoffel-Gurken-Salat servieren (Rezept auf Seite 99).

Zubereitungszeit: 35 Minuten
Pro Portion 36 g E, 38 g F, 40 g KH
= 646 kcal (2704 kJ)

HAUPTGERICHTE

Kalbszungenragout in Madeirasauce

Für 4 Personen:
675 g Kartoffeln
20 g Butterschmalz
2 El feine Schalottenwürfel
200 ml Madeira
200 ml Fleischbrühe (Glas)
300 g gekochte,
gepökelte Kalbszunge
2 Tl Speisestärke
200 g Mixed Pickles
1 El Kapern
Salz, Pfeffer (Mühle)
1 El saure Sahne

1. Die Kartoffeln schälen und waschen. Mit dem Kugelausstecher Kugeln daraus ausstechen (ca. 300 g) und in kaltes Wasser legen. Die Kartoffelkugeln abtropfen lassen und mit Küchenpapier gründlich trockentupfen.

2. Das Butterschmalz in einer großen Pfanne erhitzen. Die Kartoffelkugeln vorsichtig ins heiße Fett geben und anbraten. Die Schalottenwürfel dazugeben und glasig dünsten. Die Kartoffeln mit Madeira ablöschen. Die Fleischbrühe dazugießen und die Flüssigkeit offen etwa 10 Minuten einkochen lassen, bis die Kartoffeln knapp gar sind.

3. Inzwischen die Zunge erst in Scheiben, dann in nicht zu feine Streifen schneiden.

4. Die Speisestärke mit wenig Wasser sehr flüssig anrühren, die Kartoffelsauce damit nach und nach leicht binden.

5. Zuerst die Zungenstreifen, dann die Mixed Pickles und die Kapern in die Sauce geben und erwärmen. Das Ragout mit Salz und Pfeffer würzen, die saure Sahne unterrühren und sofort servieren.

Zubereitungszeit: 35 Minuten
Pro Portion 14 g E, 14 g F, 18 g KH
= 284 kcal (1190 kJ)

Lafers Extra-Tip

Auch wenn Sie sich sonst nichts aus Innereien machen: Eine gekochte gepökelte Kalbszunge ist so zart im Geschmack, daß Sie dieses Ragout unbedingt nachkochen und probieren sollten!

HAUPTGERICHTE

Rehrückenfilets mit Wildsauce

Für 4 Portionen:
1,4 kg Rehrücken (für 4 Filets à 150 g, vom Wildhändler auslösen und insgesamt 800 g Knochen walnußgroß hacken lassen)
50 g Butterschmalz
300 ml Rotwein
1/4 Porreestange (gewürfelt)
250 g Zwiebeln (gewürfelt)
150 g Möhren (gewürfelt)
150 g Staudensellerie (in Stücken)
15 Wacholderbeeren
5 weiße Pfefferkörner
2 Lorbeerblätter
5 Zweige Thymian
4 Zweige Rosmarin
1 Tl Tomatenmark
3/4 l Fleischbrühe (Glas)
Salz, Pfeffer (Mühle)
50 ml Holunderbeersaft
1 Tl Honig
50 g kalte Butter
1 El Preiselbeeren (Glas)

1. Die Rehrückenfilets noch einmal nachparieren: eventuell noch vorhandene Sehnen und Häute abschneiden. 30 g Butterschmalz im Bräter erhitzen, die Knochen darin anrösten, mit 50 ml Rotwein ablöschen, um die Röststoffe zu lösen, dann weiter rösten, wieder mit 50 ml Rotwein ablöschen und weiter rösten. 50 ml Rotwein dazugießen und einkochen. Porree, Zwiebeln, Möhren und Staudensellerie zugeben und mitrösten. 10 Wacholderbeeren, Pfefferkörner, Lorbeerblätter, 2 Thymian- und 2 Rosmarinzweige dazugeben und ebenfalls anrösten. Zum Schluß das Tomatenmark kurz mitrösten. Mit dem restlichen Rotwein und der Fleischbrühe aufgießen und salzen. Den Wildfond 70 Minuten langsam kochen lassen, durch ein mit einem Passiertuch ausgelegtes Sieb gießen und das Fett abschöpfen. Den Wildfond kräftig auf 350 ml einkochen lassen.

2. Das restliche Butterschmalz erhitzen, die Rehrückenfilets darin rundherum anbraten. Dabei restlichen Thymian, Rosmarin und Wacholder mitbraten. Die Filets nach dem Umdrehen mit Salz und Pfeffer würzen.

3. Die Filets mit den Kräutern auf ein mit Alufolie ausgelegtes Blech legen und im vorgeheizten Backofen auf der 2. Einschubleiste von unten 12–15 Minuten bei 170 Grad garen (Gas 1–2, Umluft 12–15 Minuten bei 150 Grad). Das Fleisch vorm Anschneiden noch etwas ruhenlassen.

4. Den Holunderbeersaft in den Wildfond gießen und kurz durchkochen. Den Honig unterrühren und die Sauce wieder etwas einkochen lassen. Zum Binden die kalte Butter in kleinen Stücken in die Wildsauce einschwenken und die Preiselbeeren unterrühren.

Die Rehfilets schräg aufschneiden, mit der Wildsauce und Rosenkohlpüree (Rezept Seite 118) servieren.

Zubereitungszeit: 2 Stunden
Pro Portion 33 g E, 25 g F, 7 g KH
= 412 kcal (1725 kJ)

HAUPTGERICHTE

Kalbshackbällchen mit Frühlingsgemüse

Für 4 Portionen:
20 g getrocknete Morcheln
2 Scheiben Toastbrot
100 ml lauwarme Milch
300 g Bundmöhren
150 g Zuckerschoten, Salz
3 Schalotten
4 Stiele Koriandergrün
40 g Butterschmalz
Korianderkörner
400 g Kalbshack
2 Eier, Pfeffer (Mühle)
1 Spritzer Weinbrand
80 g Butter
30 g Zucker
150 ml Kalbsfond (Glas)
1 Eigelb
40 ml Schlagsahne
2 El Schnittlauchröllchen

1. Die Morcheln gründlich unter fließendem Wasser abspülen, in Stücke schneiden, 1 Stunde in lauwarmem Wasser einweichen, anschließend in einen Kaffeefilter schütten, durch ein Sieb abtropfen lassen und dabei 50 ml Morchelsud auffangen. Das Toastbrot ohne Rinde in der lauwarmen Milch einweichen.

2. Die Bundmöhren putzen, vom Stielansatz etwa 1 cm stehen lassen. Die Möhren gründlich unter fließendem Wasser abbürsten und abtropfen lassen. Die Zuckerschoten putzen, entfädeln, in kochendem Salzwasser 2 Minuten blanchieren und kalt abschrecken. Die Schalotten pellen und fein würfeln. Das Koriandergrün kleinschneiden.

3. 1 El Butterschmalz in einer Pfanne erhitzen. Die Schalotten darin glasig dünsten. Die Morcheln gut ausdrücken und kurz mitbraten. Die Pilze mit Korianderkörnern (Mühle, siehe Seite 154/155) würzen und mitbraten. Die Pilzfarce zur Seite stellen und etwas abkühlen lassen.

4. Das Kalbshack in einer Schüssel mit Eiern, Pilzfarce und Koriandergrün mischen, herzhaft salzen und pfeffern. Das Toastbrot ausdrücken, etwas zerpflücken und unterkneten. Die Farce zum Schluß mit Weinbrand würzen.

5. Ein Stück Alufolie ausbreiten. Die Farce darauf geben und mit Hilfe der Folie eine 25 cm lange, gleichmäßig dicke Rolle daraus formen, dabei die Folienenden fest zusammendrücken. Die Folie entfernen. Die Fleischteigrolle mit einem nassen Messer in 8 gleichmäßige Scheiben schneiden und mit nassen Händen kleine Bällchen formen.

6. Das restliche Butterschmalz in einer großen Pfanne nicht zu stark erhitzen. Die Hackbällchen darin bei milder Hitze 12–15 Minuten langsam rundherum braten und dabei sanft bräunen.

7. 60 g Butter in einer heißen Pfanne schmelzen, den Zucker dazugeben und schmelzen lassen. Die Bundmöhren hineingeben und unter Rühren glasieren, garen und mit 1 Prise Salz würzen. Kalbsfond und aufgefangenen Morchelsud dazugießen. Die Möhren zugedeckt bei milder Hitze 6 Minuten garen. Die Schoten zu den Möhren geben, zugedeckt 2–3 Minuten garen.

8. Die restliche Butter zu den Hackbällchen geben, aufschäumen lassen und die Bällchen damit begießen.

9. Eigelb mit Sahne verrühren. Das Gemüse mit einer Schaumkelle aus der Pfanne nehmen. Erst etwas heiße Gemüsesauce in das verquirlte Eigelb rühren, dann die Gemüsesauce in der Pfanne damit binden. Die Sauce nicht mehr kochen lassen, salzen und pfeffern. Das Gemüse wieder hineingeben und gut durchrühren. Die Kalbshackbällchen daraufsetzen, mit Schnittlauch bestreuen und servieren.

Zubereitungszeit: 1 Stunde
(plus Zeit zum Einweichen für die Morcheln)
Pro Portion 29 g E, 44 g F, 21 g KH
= 599 kcal (2510 kJ)

HAUPTGERICHTE

Gefüllter Ochsenschwanz mit Burgundersauce

Für 6 Portionen:

Füllung
2 altbackene Laugenbrezeln (120 g)
60 ml Milch
Salz, Pfeffer (Mühle)
Muskatnuß (frisch gerieben)
1/2 Bund glatte
Petersilie (gehackt)
1 Ei, 25 g Butter
60 g durchwachsenen
Speck (gewürfelt)
3 Schalotten (gewürfelt)
2 Knoblauchzehen (gewürfelt)

Fleisch
1 Schweinsnetz (beim Metzger bestellen und 24 Stunden wässern)
1 Ochsenschwanz (800 g)
1 El Öl
Salz, Pfeffer (Mühle)
30 g Butterschmalz
250 g Zwiebeln (grob gewürfelt)
150 g Möhren (grob gewürfelt)
150 g Staudensellerie (grob gewürfelt)
3 Zweige Thymian
1 Zweig Rosmarin
2 Knoblauchzehen (geviertelt)
1/4 l Rotwein (Burgunder)
3/4 l Rinderbrühe (Glas)
1/8 l Holunderbeersaft
40 g kalte Butter
Zucker

1. Die Brezeln klein würfeln. Die Milch erhitzen und über die Brezelwürfel gießen. Mit Salz, Pfeffer und Muskat würzen. Die Petersilie und das Ei dazugeben und alles gut zu einem Teig verrühren.

2. Die Butter in einer Pfanne erhitzen. Speck, Schalotten und Knoblauch darin glasig dünsten. Die Mischung zu den Brezeln geben und alles sehr gut verkneten. Noch einmal herzhaft mit Salz und Pfeffer nachwürzen.

3. Das mehrfach gewässerte Schweinsnetz in frisches Wasser legen.

4. Den Ochsenschwanz oben der Länge nach aufschneiden. Die Schwanzknochen von oben nach unten Stück für Stück so freischaben und schneiden, daß das untenliegende Fleisch nicht eingeschnitten wird (das macht auf Wunsch auch der Metzger, dann aber auch die Knochen mitgeben lassen). Das ganze Knochengerüst vom Fleisch abheben und vorsichtig ganz abtrennen. Die Knochen im Knorpel zwischen den Wirbeln mit einem schweren Messer durchschneiden.

5. Zwei große Stücke Klarsichtfolie auf jeweils einer Seite mit Öl bepinseln. Das Fleisch zwischen die gefetteten Folien legen und gleichmäßig plattklopfen, um die Fläche zu vergrößern. Die obere Folie abziehen, das Fleisch auf der Oberseite salzen und pfeffern.

6. Die Brezelfüllung auf das Fleisch geben. Den Ochsenschwanz mit Hilfe der unteren Folie fest zu einer langen Roulade aufrollen. Das Schweinsnetz abtropfen lassen, auf der Arbeitsfläche ausbreiten. Die Roulade darauf setzen und die Folie abziehen. Die Rolle salzen, pfeffern und fest ins Schweinsnetz einrollen. Dabei die Enden immer wieder fest zusammendrücken. Das restliche Schweinsnetz abschneiden. Die Rolle mit Küchengarn wie einen Rollbraten verschnüren.

7. Das Butterschmalz in einem langen Bräter erhitzen. Den Ochsenschwanz darin rundherum anbraten. Die Knochen hineingeben und mitbraten. Die Rolle herausnehmen. Zwiebeln, Möhren und Staudensellerie im Bratfett kräftig anrösten. Die Kräuter und den Knoblauch kurz mitbraten. Mit Rotwein ablöschen. Die Hälfte der Rinderbrühe dazugießen. Das Fleisch wieder in den Bräter legen, den Deckel auflegen.

8. Den Ochsenschwanz im vorgeheizten Backofen auf der 2. Einschubleiste von unten 2 1/2 Stunden bei 200 Grad schmoren (Gas 3, Umluft 2 1/2 Stunden bei 180 Grad). Das Fleisch ab und zu umdrehen und nach und nach die restliche Rinderbrühe dazugießen.

9. Den Ochsenschwanz aus dem Bräter nehmen, den Holunderbeersaft hineingießen. Den Schmorfond durch ein feines Sieb in einen Topf umgießen und bei starker Hitze um ein Drittel einkochen lassen. Die Butter in kleinen Stücken in die Sauce einschwenken, mit Salz, Pfeffer und 1 Prise Zucker würzen.

10. Den Ochsenschwanz ohne Garn in dicke Scheiben schneiden, auf vorgewärmten Tellern mit der Burgundersauce anrichten.

Zubereitungszeit: 3 1/2 Stunden (plus Zeit zum Wässern des Schweinsnetzes)
Pro Portion 17 g E, 40 g F, 18 g KH
= 514 kcal (2153 kJ)

HAUPTGERICHTE

Mariniertes Schweinefilet im Blätterteigmantel

Für 4 Portionen:
80 ml Öl
grob geschroteter, schwarzer Pfeffer
abgeriebene Schale von
1 Limette
500 g Schweinefilet
(Mittelstücke)
250 g TK-Blätterteig
Salz
150 g Pflaumenmus
3 Eigelb
1–2 El Semmelbrösel
Mehl zum Bearbeiten
80 g geräucherter Schinken
in dünnen Scheiben

1. Das Öl in einer flachen Schale mit Pfeffer und Limettenschale mischen. Das Filet rundherum durch das Gewürzöl ziehen und darin (mit Klarsichtfolie zugedeckt) über Nacht im Kühlschrank marinieren. Den Blätterteig auftauen lassen.

2. Das Fleisch aus dem Gewürzöl nehmen und etwas abtropfen lassen. Das Öl mit den Gewürzen in eine heiße Pfanne gießen, das Filet darin rundherum anbraten. Das Fleisch hinterher salzen und abkühlen lassen.

3. Das Pflaumenmus mit 2 Eigelb und Semmelbröseln verrühren.

4. Den Blätterteig auf der bemehlten Arbeitsfläche vorsichtig und gleichmäßig nicht zu dick ausrollen (etwas breiter und länger als das Rollholz). Dabei nicht drücken, damit die einzelnen Schichten nicht zerstört werden.

5. Die Schinkenscheiben auf die Mitte des Teiges setzen und dick mit Pflaumenmus bestreichen. Das Schweinefilet darauf setzen und auch dick mit Pflaumenmus bestreichen. Die Schinkenscheiben über das Filet klappen. Das restliche Eigelb verrühren, den Teig um das Filet herum damit bestreichen. Die untere Teighälfte über das Filet klappen (zu breiten Rand abschneiden), fest andrücken und weiterrollen, bis das Filet völlig in Teig eingewickelt ist. Auch den überstehenden oberen Teigrand abschneiden. Den Teig rechts und links des Filets mit den Handkanten fest zusammendrücken und den überstehenden Teig abschneiden. Ein Backblech mit Backpapier auslegen. Das Paket daraufsetzen und rundherum nicht zu dick mit Eigelb bepinseln.

6. Das Schweinefilet im Blätterteigmantel im vorgeheizten Backofen auf der 2. Einschubleiste von unten 20 Minuten bei 220 Grad backen (Gas 3–4, Umluft 15–20 Minuten bei 200 Grad), danach herausnehmen und vor dem Anschneiden noch etwas ruhen lassen.

Zum Schweinefilet einen lauwarmen Rotkohlsalat servieren (Rezept auf Seite 108).

Zubereitungszeit: 1 Stunde
(plus Marinierzeit)
Pro Portion 40 g E, 44 g F, 46 g KH
= 740 kcal (3099 kJ)

Lafers Extra-Tip

**Den restlichen Blätterteig können Sie weiter verwenden. Sie bestäuben die abgeschnittenen Teigteile jeweils mit etwas Mehl und legen sie übereinander. Dann können Sie sie sofort vorsichtig ausrollen und gleich weiterverarbeiten. Sie können sie aber auch in Folie wickeln und wieder einfrieren.
Wichtig ist, daß Sie beim Arbeiten mit Blätterteig immer viel Mehl verwenden und daß Sie den Teig vorsichtig ausrollen, um die immerhin insgesamt 144 Schichten nicht zu zerstören. Denn dann kann der Teig beim Bakken nicht mehr blättrig aufgehen.**

HAUPTGERICHTE

Tafelspitz mit Schnittlauch-Mayonnaise

Für 4 Portionen:

Fleisch
300 g Rinderknochen
1 große Zwiebel
300 g große Petersilienwurzeln
800 g Tafelspitz (aus dem Schwanzstück vom Rind geschnitten)
1 Zweig Liebstöckel
5 Pfefferkörner, 1 Lorbeerblatt
3 Gewürznelken, Salz

Mayonnaise
2 Tl Senf, 4 Eigelb, 250 ml Öl
Salz, 100 ml Joghurt
1–2 El Zitronensaft
Cayennepfeffer
4 El Schnittlauchröllchen
2 El Schnittlauchstücke
(4 cm lang)

1. Die Knochen kurz in heißem Wasser blanchieren, abschütten, mit knapp 3 l kaltem Wasser aufkochen, die Trübstoffe abschöpfen. Die Zwiebel ungeschält halbieren, die Schnittflächen auf der Herdplatte dunkel rösten. 5 Petersilienwurzeln waschen und ungeschält zerteilen.

2. Fleisch, Zwiebelhälften, Petersilienwurzelstücke und Liebstöckel in die kochende Brühe geben. Pfefferkörner, Lorbeer und Gewürznelken dazugeben, salzen. Bei milder Hitze 2 Stunden leise kochen lassen, Trübstoffe immer wieder abschöpfen.

3. Restliche Petersilienwurzeln waschen, gründlich bürsten, mit Küchengarn zusammenbinden, zum Fleisch geben, 10 Minuten mitgaren.

4. Für die Mayonnaise Senf und Eigelb verrühren. Unter Rühren langsam das Öl dazugießen. Mayonnaise salzen, Joghurt und Zitronensaft unterrühren. Cayenne und Schnittlauchröllchen unterrühren.

5. Tafelspitz und Petersilienwurzeln aus der Brühe nehmen. Die Petersilienwurzeln in Scheiben schneiden. Tafelspitz quer zur Faser in Scheiben schneiden, mit Gemüse und Mayonnaise anrichten, mit Schnittlauch garnieren.

Zubereitungszeit: 2 1/2 Stunden
Pro Portion 48 g E, 80 g F, 4 g KH
= 918 kcal (3844 kJ)

HAUPTGERICHTE

Schinken im Nußteig

Für 6 Portionen:

Brotteig
350 ml Milch
40 g Hefe, 40 g Zucker
300 g Weizenmehl
300 g Roggenmehl
1 Ei, 60 g Butter
10 g Salz, 150 g Walnüsse
(grob gehackt)
Mehl zum Bearbeiten
4 Backoblaten, Backpapier

Fleisch
40 g Zucker
150 g Äpfel (gewürfelt)
1 El Honig
2 El Zitronensaft
250 ml Fleischbrühe
50 ml Apfelbrand
(z. B. Calvados)
3 Zweige Majoran
1,2 kg gekochter Schinken
(im Stück, mild gepökelt.
Auf keinen Fall gepreßter
gekochter Schinken!)

1. Lauwarme Milch, zerbröckelte Hefe und Zucker in einer Schüssel verrühren, mit Klarsichtfolie zudecken und 10 Minuten ruhenlassen. Inzwischen Mehl, Ei, Butter und Salz in einer Rührschüssel mischen und den Vorteig dazugeben. Alle Zutaten auf mittlerer Stufe mit den Knethaken zu einem Teig verkneten. Kurz vor Schluß die Walnüsse dazugeben und bei niedrigster Stufe unterkneten (bei höherer Geschwindigkeit würden sie zu Brei werden). Den Teig kurz zusammenkneten, in der Schüssel mit Klarsichtfolie zudecken und an einem warmen Platz in 1 Stunde auf doppeltes Volumen aufgehen lassen.

2. Für die Würzpaste den Zucker in einer heißen Pfanne goldbraun schmelzen. Die Apfelwürfel darin kurz andünsten und den Honig unterrühren. Den Zitronensaft, die Fleischbrühe und den Apfelbrand dazugießen. Den Majoran dazugeben. Dickflüssig einkochen lassen und dann durch ein Sieb drücken. Den Apfelsirup kurz auf Eis stellen, damit er fest wird.

3. Den Teig auf einer bemehlten Fläche noch einmal durchkneten und mit der Teigrolle gleichmäßig nicht zu dünn ausrollen (40x35 cm). Den Teig in der Mitte mit Backoblaten belegen.

4. Den Schinken rundherum gründlich durch den Apfelsirup ziehen, damit er gut am Fleisch haften bleiben.

5. Den marinierten Schinken auf die Oblaten legen und in den Teig einschlagen: Erst die untere breite Teighälfte überklappen. Die obere Teighälfte mit Wasser bepinseln, überklappen und fest andrücken. Die Seitenteile auch mit Wasser bepinseln, zur Mitte überklappen und fest andrücken. Das Paket muß fest verschlossen sein, damit keine Flüssigkeit auslaufen kann. Das Paket auf ein mit Backpapier ausgelegtes Backblech setzen und rundherum mit Wasser einpinseln. Den Teig noch einmal 15 Minuten gehen lassen.

6. Den Schinken im vorgeheizten Backofen auf der 2. Einschubleiste von unten 30 Minuten bei 220 Grad, 30 Minuten bei 170 Grad und 20 Minuten bei 100 Grad backen (Gas erst 3–4, dann 3, dann 1, Umluft 30 Minuten bei 200 Grad, 30 Minuten bei 150 Grad und 20 Minuten bei 100 Grad).

7. Den Schinken im Nußteig nach dem Backen 10 Minuten ruhenlassen und dann in dikke Scheiben schneiden.

Mit einem Rote-Bete-Salat mit Äpfeln servieren (Rezept auf Seite 113).

Zubereitungszeit: 2 Stunden
(plus Zeit zum Gehen für den Teig)
Pro Portion 60 g E, 38 g F, 102 g KH
= 1005 kcal (4211 kJ)

Lafers Extra-Tip

**Stromburger Nußbrot:
Aus dem Teig können Sie übrigens ein hervorragendes Nußbrot backen, so wie ich es bei mir auf der Stromburg mache. Meine Gäste sind ganz verrückt danach. Sie geben den Nußteig einfach in eine gebutterte, gemehlte Kastenform und backen ihn bei 200 Grad 45 Minuten (Gas 3, Umluft etwa 45 Minuten bei 175 Grad).**

HAUPTGERICHTE

Rinderrouladen mit Aprikosensauce

Für 4 Portionen:

Füllung
1 Brötchen vom Vortag
125 ml lauwarme Milch
2 El Butter
2 Schalotten (gewürfelt)
1 Knoblauchzehe (gehackt)
200 g Rinderhackfleisch
1 Ei, 1 Tl Zimtpulver
Salz, Chili
1 El Minze (gehackt)

Rouladen
5 El Öl
4 Rouladenscheiben
(aus der Rinderkeule)
Salz, Pfeffer (Mühle)
100 g Staudensellerie
(gewürfelt)
100 g Möhren (gewürfelt)
250 g Zwiebeln (gewürfelt)
100 g Porreestücke
1 Knoblauchzehe (geviertelt)
1 Zweig Rosmarin
3 Zweige Thymian
120 g getrocknete Aprikosen
(davon 40 g in Streifen)
250 ml dunkles Bier
500 ml Rinderbrühe (Glas)
1 El Butterschmalz
200 g rote Zwiebeln in
Streifen
30 g kalte Butter

1. Das Brötchen würfeln und in der Milch einweichen. Die Butter in einer Pfanne erhitzen, Schalotten und Knoblauch darin glasig dünsten. Die Pfanne beiseite stellen.

2. Das Hackfleisch in einer Schüssel mit Ei, dem gut ausgedrückten Brötchen und dem Pfanneninhalt mischen. Die Fleischfarce vorsichtig mit Zimt und herzhaft mit Salz und Chili (Mühle, siehe Seite 154/155) würzen. Zum Schluß die Minze unterrühren.

3. 2 Stücke Klarsichtfolie mit 1 El Öl einpinseln. Die Fleischstücke dazwischen mit dem Plattiereisen dünn ausklopfen. Die Scheiben salzen und die Füllung daraufstreichen. Zuerst die Seiten über die Füllung klappen, damit sie nicht herauslaufen kann. Das Fleisch von hinten nach vorne aufrollen und mit Küchengarn wie ein Päckchen zusammenbinden.

4. Das restliche Öl in einem Bräter erhitzen. Die Rouladen darin rundherum anbraten und dabei noch einmal salzen und pfeffern. Die Rouladen herausnehmen. Staudensellerie, Möhren, Zwiebeln und Porree im Bratfett anrösten. Knoblauch, Rosmarin, Thymian dazugeben und kurz mitrösten. Die ganzen Aprikosen dazugeben. Mit Bier ablöschen, die Brühe dazugießen. Die Rouladen wieder in den Bräter legen. Den Bräter zudecken.

5. Die Rouladen im vorgeheizten Backofen auf der 2. Einschubleiste von unten 1 Stunde bei 200 Grad schmoren (Gas 3, Umluft 1 Stunde bei 170 Grad).

6. Die Rouladen aus dem Bräter nehmen. Den Schmorfond durch ein Sieb in eine Sauteuse umgießen. Das Röstgemüse dabei mit der Kelle fest durchdrücken. Den Saucenfond entfetten und bei starker Hitze um ein Drittel einkochen lassen.

7. Inzwischen in einer Pfanne das Butterschmalz erhitzen. Die roten Zwiebeln darin kräftig braun braten. Die Aprikosenstreifen hineingeben und kurz mitbraten. Den eingekochten Fond dazugießen, salzen, pfeffern und die kalte Butter in Stückchen zum Binden einschwenken.

8. Die Rouladen ohne Garn mit der Sauce anrichten und Spätzle dazu servieren (Rezept auf Seite 109).

Zubereitungszeit: 2 Stunden
Pro Portion 58 g E, 54 g F, 26 g KH
= 832 kcal (3485 kJ)

HAUPTGERICHTE

Zanderfilet mit Kartoffelschuppen

Für 4 Portionen:
2 Kartoffeln
2 Zanderfilets ohne Haut
(à 300 g, vom Fischhändler filetiert und entgrätet)
Salz, Pfeffer (Mühle)
40 g Butter
1 Eigelb
4–5 El Öl zum Braten
5 Zweige Thymian

1. Die Kartoffeln schälen, waschen, abtropfen lassen, auf der Haushaltsreibe in dünne Scheiben hobeln, mit Küchenpapier gut trockentupfen. Immer mehrere Scheiben aufeinanderlegen und mit einem glatten Ausstecher (2 cm Ø) Kreise ausstechen.

2. Die Zanderfilets quer halbieren, salzen und pfeffern. Die Butter im Topf zerlassen. Die Zanderfilets auf einen Teller legen. Die Hautseite der Filets dick mit verquirltem Eigelb bepinseln. Die Kartoffelscheiben leicht übereinanderlappend als Schuppen darauf festkleben. Die flüssige Butter auf die Kartoffelschuppen pinseln. Die Zanderfilets in den Kühlschrank geben und die Butter in 20 Minuten fest werden lassen.

3. Das Öl in einer Pfanne nicht zu stark erhitzen. Die Zanderfilets mit der Schuppenseite nach unten hineinlegen und bei milder Hitze in 5–6 Minuten langsam goldbraun braten. Den Fisch noch einmal mit Salz und Pfeffer würzen. Die Thymianzweige in die Pfanne geben und mitbraten. Den Fisch umdrehen, salzen und 1 Minute weiterbraten.

4. Die Zanderfilets mit etwas Thymian bestreuen. Mit saurem Linsengemüse servieren (Rezept auf Seite 112).

Zubereitungszeit: 25 Minuten
Pro Portion 30 g E, 16 g F, 4 g KH
= 287 kcal (1205 kJ)

HAUPTGERICHTE

Kalbshaxe mit karamelisierten Schalotten und Frühlingsgemüse

Für 4–6 Portionen:
1 Kalbshaxe (1,8–2 kg, mit Knochen)
1 großer Rosmarinzweig
100 g Möhren (grob gewürfelt)
2 Zwiebeln (grob gewürfelt)
60 g Sellerie (grob gewürfelt)
2 Lorbeerblätter
10 weiße Pfefferkörner
1 Knoblauchzehe (geviertelt)
2 Zweige Thymian
300 ml Weißwein
2 El Butterschmalz
Salz, Pfeffer (Mühle)
1/2 l Kalbsfond (Glas)

Schalotten
40 g Butter
2 El Zucker
250 g kleine Schalotten (gepellt)
Salz, Pfeffer (Mühle)
30 g kalte Butter

Gemüse
30 g Butter
150 g Möhrenscheiben (blanchiert)
150 g Kohlrabistifte (blanchiert)
150 g Radieschenscheiben
Salz, Pfeffer (Mühle)
3 El Radieschenblätter (gehackt)
1 El zartes Kohlrabigrün (gehackt)

1. Die Kalbshaxe parieren (Haut und Sehnen abschneiden) und rundherum großzügig Rosmarinästchen ins Fleisch stecken. Die Haxe mit dem grob gewürfelten Gemüse, Gewürzen, Thymian und Parüren (Haut und Sehnen) in einen großen Gefrierbeutel geben und den Weißwein dazugießen. Den Beutel gut verschließen. Die Haxe im Kühlschrank 24 Stunden marinieren, dabei ab und zu umdrehen.

2. Die Haxe aus dem Beutel nehmen und auf Küchenpapier abtropfen lassen. Die Marinade durch ein Sieb in eine Schüssel gießen. Gemüse und Gewürze gut abtropfen lassen.

3. Das Butterschmalz in einem großen Bräter erhitzen. Die Haxe darin rundherum anbraten, dann salzen und pfeffern. Die Haxe wieder herausnehmen. Die marinierten Gemüse, Gewürze und Parüren im Bratfett anbraten und mit der Marinade ablöschen. Die Haxe wieder in den Bräter setzen und den Kalbsfond dazugießen.

4. Die Haxe im vorgeheizten Backofen auf der 2. Einschubleiste von unten bei 180 Grad 2–2 1/2 Stunden braten (Gas 2–3, Umluft 2–2 1/2 Stunden bei 180 Grad). Die Haxe dabei öfter mit dem Bratenfond begießen.

5. Die Haxe aus dem Bräter nehmen, ruhenlassen und dabei mit Alufolie zudecken. Den Bratenfond durch ein Sieb gießen, das Gemüse dabei kräftig durchdrücken.

6. Für die Schalotten die Butter in einem Topf zerlassen, den Zucker dazugeben und zu hellem Karamel schmelzen. Die Schalotten hineingeben, mit dem Karamel glasieren und leicht bräunen. Die Hälfte des Bratenfonds dazugießen und 10 Minuten etwas einkochen lassen. Den restlichen Bratenfond dazugießen und wieder 15 Minuten einkochen lassen. Die Sauce salzen und pfeffern. Zum Binden die kalte Butter in kleinen Stücken in die Sauce einschwenken.

7. Für das Gemüse die Butter in einer Pfanne zerlaufen lassen. Möhren und Kohlrabi hineingeben und kurz dünsten. Die Radieschenscheiben dazugeben, kurz mitdünsten, salzen und pfeffern. Zum Schluß Radieschenblätter und Kohlrabigrün unterschwenken.

8. Die Kalbshaxe erst vom Knochen und dann in Scheiben schneiden. Die Schalotten auf einer Servierplatte anrichten, die Kalbshaxenscheiben daraufgeben, leicht salzen und pfeffern, das Frühlingsgemüse dazugeben.

Mit Kartoffelkrapfen servieren (Rezept auf Seite 101).

Zubereitungszeit: 3 Stunden (plus Marinierzeit)
Pro Portion (bei 6 Portionen) 48 g E, 32 g F, 12 g KH = 546 kcal (2282 kJ)

HAUPTGERICHTE

Rumpsteaks mit Maronenkruste

Für 4 Portionen:

Maronenkruste
60 g Butter
2 El Schalotten (gewürfelt)
1 El durchwachsener Speck (gewürfelt)
250 g geschälte Maronen
200 ml Rinderbrühe (Glas)
Salz, Pfeffer (Mühle)
getrocknete Chilischoten
1 El glatte Petersilie (gehackt)
40 g Semmelbrösel

Rumpsteaks
4 Rumpsteaks (à 200 g)
40 g Butterschmalz
1 Zweig Thymian
1 Zweig Rosmarin
Salz, Pfeffer (Mühle)
50 ml Balsamessig
250 ml Rinderbrühe (Glas)
40 g kalte Butter

1. Für die Kruste 20 g Butter im Topf erhitzen. Schalotten, Speck und Maronen darin anbraten, mit Rinderbrühe auffüllen und bei großer Hitze stark einkochen, bis die Flüssigkeit fast verkocht ist. Die Mischung etwas abkühlen lassen und in der Küchenmaschine nicht zu fein pürieren. Mit Salz, Pfeffer und Chili (Mühle, siehe Seite 154/155) herzhaft würzen und die Petersilie unterziehen.

2. Den Fettrand an den Rumpsteaks einschneiden, damit das Fleisch sich beim Braten nicht krümmt. Eine Pfanne erhitzen. Das Butterschmalz darin schmelzen. Die Steaks schön eng hineinlegen und 1 Minute anbraten, dann umdrehen und die andere Seite 2 Minuten bräunen. In der letzten Minute die Kräuter in der Pfanne mitbraten lassen. Die Steaks nach dem Anbraten mit Salz und grob gemahlenem Pfeffer würzen.

3. Die Steaks dick und gleichmäßig mit dem Maronenpüree bestreichen, mit Semmelbröseln bestreuen und mit der restlichen Butter in dünnen Scheiben belegen.

4. Die Steaks auf ein mit Alufolie belegtes Backblech setzen und im vorgeheizten Backofen auf der 3. Einschubleiste von unten bei 240 Grad 7 Minuten überkrusten (Gas 4–5, Umluft 5–7 Minuten bei 220 Grad).

5. Inzwischen den Bratensatz in der Pfanne mit Essig loskochen, mit Rinderbrühe auffüllen und bei starker Hitze etwas einkochen lassen. Die kalte Butter in kleinen Stücken in die Sauce einschwenken und mit Salz und Pfeffer abschmecken. Die Sauce zu den Rumpsteaks reichen.

Dazu passen grüner Salat und knuspriges Baguette.

Zubereitungszeit: 1 Stunde
Pro Portion 48 g E, 46 g F, 31 g KH
= 730 kcal (3061 kJ)

Lafers Extra-Tip

Das Rumpsteak wird bei uns aus dem entbeinten Roastbeef geschnitten und immer mit der Fettkante gebraten. Identisch mit dem Rumpsteak (mit regionalen Unterschieden) ist das Entrecôte, das auch als Entrecôte double, doppelt dick geschnitten, angeboten wird.

HAUPTGERICHTE

Paprikaschnitzel

Für 4 Portionen:
4 Schweineschnitzel (à 140 g, oder 2 Schmetterlings-schnitzel, aus dem Rücken geschnitten)
Öl, Salz, weißer Pfeffer (Mühle)
je 1 rote, grüne und
gelbe Paprikaschote (à 180 g)
150 g Zucchini
4 Schalotten
1 Knoblauchzehe
2 El Butterschmalz
1 Tl Paprikapulver (edelsüß)
150 ml Tomatensaft
getrockneten Chili
40 g kalte Butter
2 El glatte Petersilie (gehackt)

1. Die Schnitzel in einem aufgeschlitzten, eingeölten Klarsichtbeutel etwas plattklopfen, auf der Oberseite salzen und pfeffern.

2. Paprika halbieren, putzen und entkernen, waschen und in Rauten schneiden. Die Zucchini putzen, waschen, abgetropft in Scheiben schneiden und halbieren. Schalotten pellen und in feine Streifen schneiden, Knoblauch pellen und hacken.

3. Das Butterschmalz in einer großen Pfanne nicht zu stark erhitzen. Die Schnitzel mit der gewürzten Seite nach oben hineinlegen und in 1–2 Minuten goldbraun braten. Dann umdrehen, salzen und pfeffern und weitere 7 Minuten braten. Aus der Pfanne nehmen, etwas ruhenlassen. Eventuell ausgetretenes Eiweiß aus der Pfanne entfernen.

4. Schalotten und Knoblauch im Bratfett glasig dünsten. Paprika dazugeben und unter Schwenken 2 Minuten dünsten. Die Zucchini dazugeben, unterrühren und 2 Minuten dünsten. Das Paprikapulver dazugeben, kurz umrühren, nur kurz braten (damit es nicht verbrennt und bitter wird). Den Tomatensaft dazugießen, mit Salz und Chilipulver (Mühle, siehe Seite 154/155) würzen und weitere 5 Minuten garen. Die Butter zum Binden einschwenken, Petersilie unterrühren. Die Schnitzel im Gemüse erwärmen.
Mit Kartoffelwaffeln servieren (Rezept Seite 114).

Zubereitungszeit: 1 Stunde
Pro Portion 32 g E, 32 g F, 6 g KH
= 437 kcal (1828 kJ)

HAUPTGERICHTE

Gebratener Kabeljau auf Rote-Bete-Salat

Für 4 Portionen:

Salat
4 Rote-Bete-Knollen (350 g)
15 ml Weißweinessig
20 ml Geflügelbrühe (oder Fischfond)
40 ml Öl, Kümmel
1 Tl Zitronenschale
1 Tl frisch geriebener Meerrettich
1 El feine Schnittlauchröllchen
Salz

Fisch
1 Kabeljauseite mit Haut (für 4 Filets à 150 g, vom Fischhändler geputzt und entgrätet)
Salz, weißer Pfeffer (Mühle)
20 g Butterschmalz
3 Zweige Thymian
40 g Butter
etwas Friséesalat zum Garnieren

1. Die Rote-Bete-Knollen ungeputzt einzeln in Alufolie wickeln und im vorgeheizten Backofen auf der 2. Einschubleiste von unten bei 180 Gad 2 Stunden (Gas 2–3, Umluft 1 1/2 Stunden bei 160 Grad) backen. Die Rote Bete etwas abkühlen lassen, auswickeln, mit Küchenhandschuhen schälen und in dünne Scheiben schneiden.

2. Für die Salatsauce Essig, Geflügelbrühe (oder Fischfond) und 30 ml Öl verrühren, mit Kümmel (Mühle, siehe Seite 154/155), Zitronenschale und Meerrettich würzen. Zum Schluß den Schnittlauch in die Sauce rühren.

3. Die Kabeljauseite in 4 gleichgroße Stücke teilen (den restlichen Fisch anderweitig verwenden) und auf der Fleischseite mit Salz und Pfeffer würzen.

4. Das Butterschmalz in einer großen Pfanne erhitzen. Die Fischfilets mit der Hautseite nach unten hineinlegen und 2 Minuten anbraten.

5. Den Fisch im vorgeheizten Backofen auf der 2. Einschubleiste von unten 4–5 Minuten bei 180 Grad braten (Gas 2–3, Umluft 4 Minuten bei 160 Grad).

6. Für den Salat die Teller mit dem restlichen Öl einpinseln, mit etwas Salz bestreuen und die Rote-Bete-Scheiben kreisförmig darauf anrichten.

7. Den Fisch aus dem Backofen nehmen, wieder auf den Herd stellen. Die Filets umdrehen. Den Thymian und die Butter in die Pfanne geben und kurz mitbraten. Den Fisch auf der Hautseite salzen und pfeffern und mit Butter beschöpfen.

8. Den Fisch sofort auf den Rote-Bete-Scheiben anrichten, mit Meerrettich-Vinaigrette beträufeln, einige Friséesalatblättchen dazugeben und servieren.

Zubereitungszeit: 30 Minuten
(plus Backzeit für die Rote Bete)
Pro Portion 27 g E, 24 g F, 6 g KH
= 354 kcal (1479 kJ)

HAUPTGERICHTE

Jägerschnitzel

Für 4 Portionen:
4 Schweineschnitzel
(à 160 g, aus dem Rücken geschnitten)
Öl, Salz
weißer Pfeffer (Mühle)
200 g Champignons
200 g Austernpilze
50 g durchwachsener Speck
4 Schalotten
2 El Butterschmalz
1 Tl Steinpilzmehl
200 ml Rinderfond (Glas)
1 Tl Thymianblättchen
40 g kalte Butter
etwas Kerbel für die Garnitur

1. Die Schnitzel in einem aufgeschlitzten, eingeölten Klarsichtbeutel etwas plattklopfen, auf der Oberseite salzen und und pfeffern.

2. Die Pilze putzen und würfeln. Den Speck fein würfeln. Die Schalotten pellen und ebenfalls fein würfeln.

3. Das Butterschmalz in einer großen Pfanne nicht zu stark erhitzen. Die Schnitzel mit der gewürzten Seite nach oben hineinlegen und langsam in 1–2 Minuten goldbraun braten. Dann umdrehen, salzen und pfeffern und weitere 7 Minuten braten. Die Schnitzel aus der Pfanne nehmen und etwas ruhen lassen. Eventuell ausgetretenes Eiweiß aus der Pfanne entfernen.

4. Die Pilze ins Bratfett geben und unter Rühren 5–7 Minuten braten. Speck und Schalotten dazugeben, unter Rühren 5 Minuten mitbraten und mit Steinpilzmehl (Mühle, siehe Seite 154/155) würzen. Den Rinderfond dazugießen, etwas einkochen lassen, salzen und pfeffern. Den Thymian unterrühren. Die kalte Butter zum Binden in die Pilze einschwenken.

5. Die Schnitzel wieder in die Pfanne geben und kurz erwärmen. Die Schnitzel auf vorgewärmte Teller geben, die Pilze daraufgeben und mit Kerbel garnieren.

Mit Kartoffelwaffeln servieren (Rezept auf Seite 114).

Zubereitungszeit: 1 Stunde
Pro Portion 37 g E, 42 g F, 1 g KH
= 529 kcal (2213 kJ)

HAUPTGERICHTE

Gefüllte Zwiebeln mit Selleriepüree

Für 6 Portionen:
12 große Speisezwiebeln
Salz
1/2 Sellerieknolle
(500 g ohne Schale)
300 ml Schlagsahne
Cayennepfeffer
Muskatnuß (frisch gerieben)
30 g Butter
60 g Bergkäse
(frisch gerieben)
1/8 l Rinderbrühe (Glas)

1. Die Zwiebeln schälen und etwa 15 Minuten in Salzwasser garen. Herausnehmen, abtropfen und abkühlen lassen. Jeweils einen Deckel abschneiden. Die Zwiebeln mit einem Teelöffel oder Kugelausstecher vorsichtig so aushöhlen, daß drei Zwiebelschichten als Wand stehenbleiben.

2. Während die Zwiebeln garen, den Sellerie schälen und kleinwürfeln. Den Sellerie in die Sahne geben, herzhaft mit Cayenne, Muskat und Salz würzen, umrühren und bei milder Hitze ein Püree daraus kochen. Dabei immer wieder umrühren, damit das Püree nicht anbrennt. Zum Schluß muß die Schlagsahne völlig vom Sellerie aufgenommen sein.

3. Das Püree im Topf mit dem Schneidstab pürieren und anschließend durch ein Sieb streichen. Das Selleriepüree in die vorbereiteten Zwiebeln geben, die Deckel daraufsetzen. Eine feuerfeste Form mit Butter ausstreichen. Die gefüllten Zwiebeln in die Form setzen und mit dem Käse bestreuen. Die Rinderbrühe dazugießen.

4. Die Zwiebeln im vorgeheizten Backofen auf der 2. Einschubleiste von unten 15–20 Minuten bei 220 Grad überbacken (Gas 3–4, Umluft 10–15 Minuten bei 220 Grad).

Zubereitungszeit: 1 1/2 Stunden
Pro Portion 6 g E, 22 g F, 6 g KH
= 251 kcal (1051 kJ)

HAUPTGERICHTE

Geschmorte Schweinekoteletts mit Zwiebelsauce

Für 4 Portionen:
400 g Zwiebeln
60 g Butterschmalz
4 Schweinekoteletts (à 220 g)
Salz, Pfeffer (Mühle)
3 Lorbeerblätter
1 El Senfkörner
50 ml Weißwein
250 ml Fleischbrühe (Glas)
2 El grobkörniger Senf
1 El Kapern
1–2 El Crème fraîche
1 El geschlagene Sahne
1 El glatte Petersilie (gehackt)

1. Die Zwiebeln pellen und in feine Streifen schneiden.

2. Das Butterschmalz in einem Bräter erhitzen. Die Koteletts salzen und pfeffern, von beiden Seiten im heißen Fett anbraten und wieder herausnehmen.

3. Die Zwiebeln im Bratfett goldbraun anbraten. Lorbeerblätter und Senfkörner dazugeben, mit Weißwein ablöschen, mit Fleischbrühe auffüllen und kurz durchkochen. Die Koteletts in den Zwiebelsud legen, zudecken und bei milder Hitze langsam 10 Minuten schmoren.

4. Die Koteletts aus dem Bräter nehmen. Den Zwiebelfond durch ein Sieb in einen Topf gießen, dabei die Zwiebeln mit einer Kelle fest durchdrücken. Den passierten Zwiebelfond aufkochen. Den Senf unterrühren. Die Kapern dazugeben. Die Crème fraîche unterrühren und die geschlagene Sahne dazugeben. Die Zwiebelsauce über die Koteletts gießen.

Zwiebel-Reibekuchen mit Thymianspeck (Rezept auf Seite 97) und Mangoldgemüse mit Koriander (Rezept auf Seite 117) dazu servieren.

Zubereitungszeit: 45 Minuten
Pro Portion 50 g E, 31 g F, 8 g KH
= 514 kcal (2154 kJ)

HAUPTGERICHTE

Gefüllte Schweinebrust mit Zwiebelsauce

Für 4–6 Portionen:
1–1,2 kg magere Schweinebrust
Salz, Pfeffer (Mühle)
100 g Broccoli
100 g Blumenkohl
50 g Schalotten
1 Knoblauchzehe
500 g Gemüsezwiebeln
70 g Butter, davon 40 g kalt
200 g gemischtes Hackfleisch (zweimal durch die feine Scheibe vom Fleischwolf gedreht)
2 Eigelb
100 ml Schlagsahne
2 El glatte Petersilie (gehackt)
30 g Butterschmalz
1 Zweig Rosmarin
2 Zweige Thymian
10 weiße Pfefferkörner
2 Lorbeerblätter
250 ml Weißwein
250 ml Fleischbrühe (Glas)
Kümmel
1 El Estragonblättchen

1. In die Schweinebrust eine tiefe Tasche schneiden. Die Brust innen und außen mit Salz und Pfeffer würzen.

2. Broccoli und Blumenkohl in Röschen teilen, getrennt in Salzwasser jeweils 3 Minuten blanchieren, in Eiswasser abschrecken und gut abtropfen lassen. Schalotten und Knoblauch fein schneiden. Die Gemüsezwiebeln in grobe Stücke schneiden.

3. Für die Füllung 30 g Butter in einer Pfanne erhitzen. Schalotten und Knoblauch darin glasig dünsten und beiseite stellen.

4. Das Hackfleisch in einer großen Schüssel mit Eigelb, den Knoblauch-Schalotten, Salz, Pfeffer und Sahne verrühren. Die Petersilie unterziehen. Broccoli und Blumenkohl untermischen.

5. Die Füllung in die Fleischtasche füllen und gut verteilen. Die Tasche mit Küchengarn fest verschließen.

6. 20 g Butterschmalz im Bräter erhitzen. Die Brust darin rundherum anbraten und dabei mit Fett beschöpfen. Das Fleisch aus dem Bräter nehmen. Die Zwiebeln im Bratfett glasig anbraten. Dabei das restliche Butterschmalz dazugeben. Rosmarin, Thymian, Pfefferkörner und Lorbeer dazugeben und kurz mitbraten. Weißwein und Fleischbrühe dazugießen, salzen und mit Kümmel (Mühle, siehe Seite 154/155) würzen. Das Fleisch mit den Knochen nach unten hineinsetzen. Das Fleisch oben mit Zwiebeln belegen.

7. Im vorgeheizten Backofen auf der 2. Einschubleiste von unten bei 175 Grad 1 1/2 Stunden braten, (Gas 2–3, Umluft 1 1/2 Stunden bei 150 Grad). Immer wieder mit dem Bratenfond begießen.

8. Das Fleisch aus dem Bräter nehmen. Den Bratenfond durch ein Sieb in einen Topf gießen. Die Zwiebeln dabei fest durch das Sieb drücken.

9. Die Sauce um 1/3 einkochen lassen, salzen und pfeffern. Die restliche kalte Butter mit dem Schneidstab einarbeiten. Den Braten aufschneiden, Sauce mit Estragonblättchen dazureichen.

Mit geschmelzten Kartoffelklößen (Rezept Seite 111) und Chicoreesalat mit Spinat (Rezept Seite 31) servieren.

Zubereitungszeit: 2 Stunden
Pro Portion (bei 6 Portionen) 43 g E, 48 g F, 6 g KH = 640 kcal (2682 kJ)

Lafers Extra-Tip

Schweinefleisch läßt sich mit so gut wie allen kräftigen Gewürzen und Kräutern kombinieren. In Skandinavien spickt man den Schweinebraten mit Nelken und würzt mit Ingwer und Honig. In der Provence gehören Thymian, Rosmarin, Knoblauch und Ingwer dazu und in China sind Chillies, Ingwer und Anis sehr beliebt.

HAUPTGERICHTE

Stubenküken mit gebratenem Spargel und Frühlingszwiebel-Vinaigrette

Für 4 Portionen:
800 g weißer Spargel
Salz, Zucker
1 geschälte Zitrone in Scheiben
80 g Butter
200 g Frühlingszwiebeln
100 g Erbsen
2 Stubenküken (à 500 g)
30 g Butterschmalz
3 Schalotten (halbiert)
2 Knoblauchzehen (geviertelt)
10 weiße Pfefferkörner
5 Wacholderbeeren
3 Zweige Thymian
1 El Rosmarinnadeln
Pfeffer (Mühle)
300 ml Geflügelfond (Glas)
50–70 ml Haselnußöl
2 El Schalotten (gewürfelt)
2 El Weißweinessig
40 ml Sonnenblumenöl
Kerbelblätter zum Garnieren

1. Den Spargel schälen, die Enden großzügig abschneiden. Den Spargel in ein feuchtes Tuch wickeln. Spargelschalen und -enden in Wasser mit Salz, 1 Prise Zucker, Zitronenscheiben und 20 g Butter einmal aufkochen, dann zugedeckt 20 Minuten bei milder Hitze ziehen lassen.

2. Die Frühlingszwiebeln putzen, die weißen und hellgrünen Teile in 2 cm lange schräge Scheiben schneiden. Die Erbsen kurz in Salzwasser blanchieren, in Eiswasser abschrecken und in einem Sieb abtropfen lassen.

3. Die Stubenküken auslösen: Erst die Keulen dicht am Körper im Gelenk abschneiden. Das Brustfleisch rechts und links am Brustbein tief einschneiden. Dann die Brüste mit den Flügeln vom Knochen herunterschneiden. Die Flügelspitzen im Gelenk abschneiden. Die Schlußknochen wegschneiden.

4. Die Spargelschalen und die -enden in ein Sieb schütten und den Sud in einem breiten Topf auffangen. Die Spargelstangen im Sud in 7 Minuten bißfest garen.

5. Inzwischen das Butterschmalz in einer Pfanne erhitzen. Zuerst die Keulen mit der Fleischseite nach unten darin 2 Minuten anbraten. Die Brüste mit der Fleischseite nach unten hineingeben und 2 Minuten mitbraten. Keulen und Brüste umdrehen und noch 10 Minuten weiterbraten. Dabei Schalotten, Knoblauch, Pfefferkörner, Wacholder, Thymian und Rosmarin dazugeben und kurz mitbraten. Das Fleisch jetzt auch salzen und pfeffern. 20 g Butter dazugeben und das Fleisch damit beschöpfen (glasieren). Brüste und Keulen aus der Pfanne nehmen und warm stellen.

6. Den Bratenfond mit Geflügelfond aufgießen und das Ganze in 12–15 Minuten auf 1/3 (150 ml) einkochen lassen.

7. Den Spargel mit der Schaumkelle aus dem Sud nehmen und auf einem Küchentuch abtropfen und etwas abkühlen lassen. Den Spargel in 3–4 cm lange Stükke schneiden. Das Haselnußöl in einer Pfanne erhitzen. Die Spargelstücke darin langsam rundherum goldbraun braten, salzen und pfeffern.

8. Während der Spargel brät, für die Vinaigrette 40 g Butter in einem Topf schmelzen. Die Schalottenwürfel darin glasig dünsten. Die Frühlingszwiebeln hineingeben und 2 Minuten kurz mitbraten. Mit Essig ablöschen, salzen und pfeffern. Den eingekochten Geflügelfond durch ein Sieb dazugießen und einmal aufkochen lassen. Das Öl dazugießen und die Erbsen darin erwärmen.

9. Beim Anrichten zuerst den Spargel auf die vorgewärmten Teller geben. Je 1 Stubenkükenbrust und -keule darauf setzen und mit Frühlingszwiebel-Vinaigrette begießen und mit Kerbel bestreuen.
Mit Röstkartoffeln servieren.

Zubereitungszeit: 1 Stunde
Pro Portion 40 g E, 64 g F, 9 g KH
= 766 kcal (3209 kJ)

HAUPTGERICHTE

Schweinefilet mit Morchelsauce

Für 4 Portionen:

Sauce
30 g getrocknete Morcheln
250 ml roter Portwein
50 g Butter
3 Schalotten (gewürfelt)
1/2 Knoblauchzehe (gehackt)
100 ml Fleischbrühe (Glas)
100 ml Weißwein
150 ml Schlagsahne
Salz, Pfeffer (Mühle)
2 El Tomatenwürfel (von 1 blanchierten und gehäuteten Tomate)
1 El glatte Petersilie (gehackt)
2 El geschlagene Sahne

Fleisch
650 g Schweinefilet (Mittelstück)
30 g Butterschmalz
2 Zweige Rosmarin
2 Zweige Thymian
Salz, Pfeffer (Mühle)

1. Die Morcheln sehr gründlich mehrmals unter fließendem Wasser waschen, dann in lauwarmem Wasser einweichen. Ein großes Sieb mit einem vierfach gefalteten Mulltuch auslegen, die Morcheln hineinschütten und den Sud auffangen. 100 ml für die Sauce abmessen.

2. Den Portwein bei starker Hitze auf ein Drittel einkochen lassen – dabei verfliegt der Alkohol und das Aroma verstärkt sich.

3. Die Butter im Topf zerlassen, Schalotten und Knoblauch darin nur kurz glasig dünsten und gleich mit der Fleischbrühe aufgießen. Den Morchelsud, Weißwein und die Sahne dazugießen und bei mittlerer Hitze auf ein Drittel einkochen lassen.

4. Das Filet parieren: Häute und Sehnen wegschneiden.

5. Das Butterschmalz in einer Pfanne erhitzen. Das Filet darin rundherum anbraten. Rosmarin- und Thymianzweige in die Pfanne geben und mitbraten. Das Schweinefilet nach dem Anbraten mit Salz und Pfeffer würzen.

6. Ein Backblech mit Alufolie belegen. Das Fleisch daraufsetzen, Bratfett und Kräuter daraufgeben. Das Filet im vorgeheizten Backofen auf der 2. Einschubleiste von unten bei 170 Grad 15 Minuten braten (Gas 1–2, Umluft etwa 20 Minuten bei 150 Grad). Das Schweinefilet aus dem Ofen nehmen, mit Alufolie zudecken und 5 Minuten im ausgeschalteten, geöffneten Backofen ruhenlassen.

7. Inzwischen die Morcheln vorbereiten: Die Stiele abschneiden, die Pilze halbieren. Die Morcheln in ein grobes Sieb geben, unter fließendem Wasser noch einmal gründlich durchwaschen, gründlich abtropfen lassen und gut ausdrücken.

8. Die Sauce im Topf mit dem Schneidstab pürieren. Morcheln hineingeben und die Sauce salzen und pfeffern. Den Portwein dazugießen. Tomatenwürfel, Petersilie und die geschlagene Sahne unterheben. Die Sauce jetzt nicht mehr kochen lassen.

9. Das Schweinefilet schräg in Scheiben schneiden, mit der Morchelsauce anrichten.

Bandnudeln mit Rauke dazu servieren (Rezept Seite 102).

Zubereitungszeit: 1 Stunde
Pro Portion 38 g E, 35 g F, 7 g KH
= 533 kcal (2233 kJ)

BEILAGEN
Kartoffeln, frisches Gemüse und Obst –

die große Vielfalt

Zwiebel-Reibekuchen mit Thymianspeck

Für 4 Portionen (8 Stück):
1 kg Kartoffeln
150 g Butterschmalz
100 g Zwiebeln (gewürfelt)
1 Knoblauchzehe
1 El Speisestärke
2 El gehackte, glatte Petersilie
1 Eigelb
Salz, Pfeffer (Mühle)
Muskatnuß (frisch gerieben)
100 g durchwachsener Speck (in Streifen)
1 El Honig
3 Zweige Thymian

1. Die Kartoffeln schälen, waschen, abgetropft auf der Haushaltsreibe in ein Tuch reiben. Die geriebenen Kartoffeln im Küchentuch gut ausdrücken.

2. 1 El Butterschmalz in einer heißen Pfanne erhitzen. Die Zwiebelwürfel darin glasig dünsten, den Knoblauch pellen, dazupressen, kurz anbraten, etwas abkühlen lassen.

3. Die Kartoffeln in einer Schüssel mit Speisestärke und den angebratenen Knoblauch-Zwiebeln mischen. Die Petersilie und das Eigelb unterkneten. Den Kartoffelteig herzhaft mit Salz, Pfeffer und Muskat würzen.

4. Butterschmalz in einer großen Pfanne erhitzen. Zwei Kartoffelhäufchen hineinsetzen, mit dem Eßlöffel flachdrücken und auf jeder Seite in 4–5 Minuten goldbraun backen. So nacheinander 8 Reibekuchen backen.

5. Inzwischen die Speckstreifen in 1 Tl Butterschmalz knusprig braun braten, in ein Sieb schütten und ohne Fett wieder in die Pfanne geben. Die Speckstreifen salzen und pfeffern, mit Honig glasieren und kurz die Thymianzweige mitbraten. Den Thymianspeck auf den Reibekuchen anrichten.
Sie passen zu den geschmorten Schweinekoteletts mit Zwiebelsauce (Rezept Seite 89).

Zubereitungszeit: 40 Minuten
Pro Portion 3 g E, 47 g F, 11 g KH
= 478 kcal (2004 kJ)

Apfel-Reibekuchen mit Pfeffer-Erdbeeren

Für 4 Portionen (8–10 Stück):
750 g Kartoffeln
2 Äpfel (à 150 g, Boskop)
Mark von 1 Vanilleschote
1 Tl Zimtpulver
abgeriebene Schale von 1 Zitrone (unbehandelt)
abgeriebene Schale von 1 1/2 Orangen (unbehandelt)
1 Ei
1 El Speisestärke
40 g Zucker
500 g Erdbeeren
abgeriebene Schale von 1/2 Limette (heiß abgewaschen)
Butterschmalz zum Ausbacken
1 El grüner Pfeffer

1. Die Kartoffeln schälen, waschen, abgetropft auf der Haushaltsreibe in ein Tuch reiben. Die geriebenen Kartoffeln im Tuch gut ausdrücken.

2. Die Äpfel schälen, vierteln, entkernen und auf der Haushaltsreibe zu den Kartoffeln reiben.

3. Den Kartoffelteig mit Vanillemark, Zimt, Zitronenschale und Schale von einer Orange würzen. Das Ei und die Speisestärke unterrühren. Den Kartoffelteig 10 Minuten ruhenlassen, damit die Stärke ausquellen kann.

4. Inzwischen den Zucker mit 40 ml Wasser in 7–10 Minuten sirupartig einkochen lassen. Die Erdbeeren waschen, putzen und halbieren.

5. Die Erdbeeren mit Läuterzucker, restlicher Orangen- und Limettenschale mischen und 10 Minuten marinieren.

6. Butterschmalz in einer großen Pfanne erhitzen. Zwei Kartoffelhäufchen hineinsetzen, mit dem Eßlöffel flachdrücken und auf jeder Seite in 5–7 Minuten goldbraun backen. So nacheinander 8–10 Reibekuchen backen.

7. Die marinierten Erdbeeren mit dem grünen Pfeffer mischen und auf den Apfel-Reibekuchen anrichten.

Zubereitungszeit: 50 Minuten
Pro Portion 5 g E, 27 g F, 50 g KH
= 475 kcal (1985 kJ)

BEILAGEN

Geschmorter Wirsing mit Pilzen

Für 4–6 Portionen:
1 mittelgroßer Kopf
Wirsing (400 g)
80 g Butter (davon 40 g kalt)
3 El Schalottenwürfel
Salz, Pfeffer (Mühle)
Zucker, 1 El Weißweinessig
400 ml Fleischbrühe (Glas)
100 g Shiitake-Pilze
1 Stück Sternanis
4 El Tomatenwürfel
2 El Schnittlauchröllchen
(2 cm lang)
1 El Kerbelblättchen

1. Die äußeren Kohlblätter entfernen, den Kohl vierteln und die harten Strunkteile herausschneiden. Die Kohlviertel vorsichtig waschen und gut abtropfen lassen.

2. 20 g Butter in einem Bräter erhitzen. Die Schalottenwürfel darin glasig dünsten, den Kohl hineinlegen und kurz von beiden Seiten anbraten. Den Kohl mit Salz, Pfeffer und 1 Prise Zucker würzen. Mit Essig ablöschen und mit Fleischbrühe aufgießen.

3. Den Wirsing zugedeckt im vorgeheizten Backofen auf der 2. Einschubleiste von unten bei 160 Grad 20 Minuten schmoren (Gas 2, Umluft 20 Minuten bei 150–160 Grad).

4. 20 g Butter in einer Pfanne erhitzen, die Pilze darin bei milder Hitze braten, mit Sternanis (Mühle, siehe Seite 154/155) würzen.

5. Den Kohl aus dem Bräter nehmen und warmstellen. Den Schmorfond durch ein Sieb in einen Topf gießen, leicht einkochen lassen. Die restliche kalte Butter in kleinen Stücken einschwenken. Kurz vor dem Servieren Tomaten, Schnittlauch und Kerbel in die Sauce geben und mit Sternanis würzen. Sauce und Pilze auf den Wirsing geben. Zum Rinderfilet mit Nußkruste servieren (Rezept Seite 35).

Zubereitungszeit: 30 Minuten
Pro Portion (bei 6 Portionen) 2 g E, 11 g F, 3 g KH = 125 kcal (524 kJ)

Kartoffelsalat mit Gurken

Für 4 Portionen:
500 g festkochende Kartoffeln
Salz
1 kleine Salatgurke (500 g)
1/2 Bund Schnittlauch
60 g geräucherter Speck
60 g Schalotten
1 El Pflanzenöl
2 El Weißweinessig
1 Tl mittelscharfer Senf
200 ml Hühnerbrühe (Glas)
Pfeffer (Mühle)
100 ml Kürbiskernöl

1. Kartoffeln in Salzwasser garen, abgießen, abdämpfen, lauwarm pellen und in 3 mm dünne Scheiben schneiden.

2. Während die Kartoffeln kochen, die Gurke schälen, längs halbieren, mit einem Löffel entkernen und in Scheiben schneiden. Den Schnittlauch in feine Röllchen schneiden. Kartoffeln- und Gurkenscheiben mit dem Schnittlauch in einer Schüssel mischen. Den Speck und die Schalotten in möglichst feine Würfel schneiden.

3. Das Öl in einer Pfanne erhitzen, den Speck und die Schalotten darin glasig dünsten, mit dem Essig ablöschen und den Senf unterrühren. Die Brühe dazugießen und einmal durchkochen lassen. Die Sauce kräftig mit Salz und Pfeffer würzen und über die Salatzutaten geben.

4. Den Salat vorsichtig durchheben, so daß die Kartoffelscheiben ganz bleiben. Den Salat noch einmal mit Salz und Pfeffer nachwürzen. Zum Schluß das Kürbiskernöl dazugießen und vorsichtig unterheben.

Zum Wiener Schnitzel servieren (Rezept Seite 57).

Zubereitungszeit: 40 Minuten
Pro Portion 4 g E, 34 g F, 17 g KH
= 394 kcal (1649 kJ)

Lafers Extra-Tip

Durch das Kürbiskernöl, das ich zum Schluß dazugebe, wird der Salat besonders würzig und aromatisch. Das aus der Steiermark schmeckt am besten!

BEILAGEN

Pfannengemüse mit Pilzen

Für 4–6 Portionen:
je 1 rote, grüne und gelbe
Paprikaschote
1/2 Kopf Chinakohl
100 g Shiitake-Pilze
2 El Sesamöl
Salz, Pfeffer (Mühle)
1 Tl Koriandergrün
100 ml Hühnerbrühe (Glas)
1 Tl geröstete Sesamkörner

1. Das Gemüse und die Pilze putzen und in nicht zu feine Streifen schneiden.

2. Das Sesamöl im Wok (oder in der Pfanne) erhitzen. Erst Paprika und Pilze hineingeben und darin 2 Minuten unter ständigem Rühren garen. Dann den Chinakohl dazugeben und salzen. Das Koriandergrün hineinstreuen und kurz dünsten. Zum Schluß sehr wenig Brühe dazugießen und die Sesamkörner auf das Gemüse streuen. Wenn der Wok zu heiß wird, noch etwas Brühe dazugießen.

Das Gemüse zum glasierten Schweinscarré reichen (Rezept auf Seite 55).

Zubereitungszeit: 25 Minuten
Pro Portion (bei 6 Portionen) 2 g E, 4 g F, 3 g KH = 58 kcal (244 kJ)

Kartoffelkrapfen

Für 4–6 Portionen:
200 g Kartoffeln
Salz
60 ml Milch
25 g Butter
45 g Mehl
1 Ei
Pfeffer (Mühle)
1 l Öl zum Fritieren

1. Die Kartoffeln in der Schale in Salzwasser garen, abgießen, abdämpfen und etwas abkühlen lassen.

2. Inzwischen die Milch mit 60 ml Wasser, Butter und 1 Prise Salz aufkochen. Das Mehl unterrühren und solange weiterrühren, bis sich ein weißer Belag am Topfboden bildet. Den Teig in eine Schüssel geben und abkühlen lassen.

3. Die abgekühlten Kartoffeln pellen und durch die Kartoffelpresse drücken.

4. Den Mehlteig mit Ei und den durchgedrückten Kartoffeln vermischen, herzhaft mit Salz und Pfeffer würzen.

5. Das Öl in einer tiefen Pfanne erhitzen. Aus dem Teig mit 2 nassen Löffeln kleine Nokken abstechen und im Fett schwimmend in 3–4 Minuten goldbraun ausbacken. Die fertigen Kartoffelkrapfen auf Küchenpapier abtropfen lassen.

Zur Kalbshaxe servieren (Rezept Seite 77).

Zubereitungszeit: 45 Minuten
Pro Portion (bei 6 Portionen) 3 g E, 20 g F, 10 g KH = 229 kcal (960 kJ)

Lafers Extra-Tip

Wenn Sie keinen kühlen, luftigen und trockenen Keller haben, sollten Sie Kartoffeln nur in kleinen Mengen für den schnellen Verbrauch einkaufen: eine festkochende Sorte für Salate, Pellkartoffeln und Bratkartoffeln, eine mehligkochende Sorte für Püree und für Klöße. Als dritte Sorte gibt es vorwiegend festkochende Kartoffeln, die sich für alles eignen.

BEILAGEN

Bandnudeln mit Rauke

Für 4 Portionen:
300 g grüne Bandnudeln
Salz
150 g feinblättrige Rauke
30 g Butter
Pfeffer (Mühle)

1. Die Nudeln nach Packungsanweisung in viel Salzwasser knapp gar kochen, in einen Durchschlag schütten, mit kaltem Wasser abschrecken und gut abtropfen lassen.

2. Die Rauke putzen, waschen, abtropfen lassen, gut ausdrücken und in Streifen schneiden.

3. Die Butter in einer Pfanne erhitzen. Die Nudeln darin bei mittlerer Hitze langsam braten, salzen und pfeffern. Ganz zum Schluß die Raukestreifen unterheben, sie dürfen auf keinen Fall mitbraten.

Zum Schweinefilet mit Morchelsauce servieren (Rezept auf Seite 95).

Zubereitungszeit: 30 Minuten
Pro Portion 11 g E, 9 g F, 58 g KH
= 357 kcal (1497 kJ)

Lafers Extra-Tip

Da Rauke oder Rucola schnell welkt, muß sie unbedingt frisch verbraucht werden. Die scharfen Samen der Rauke sind sehr ölhaltig, in Indien z. B. gewinnt man daraus das Rauke- oder Jambaöl. Die ganzen Samen kann man als Gewürz wie Senfkörner verwenden.

Kartoffelsalat mit Staudensellerie und Orangen

Für 4 Portionen:
500 g festkochende Kartoffeln
Salz
200 g Staudensellerie
2 Orangen
1 El mittelscharfer Senf
80 ml Pflanzenöl
125 ml Geflügelbrühe (Glas)
25 ml Weißweinessig
Pfeffer (Mühle)
Staudenselleriebätter zum Garnieren

1. Die Kartoffeln in Salzwasser garen, abgießen, ausdämpfen lassen, lauwarm pellen und in nicht zu dünne Scheiben schneiden.

2. Den Staudensellerie schälen, in Scheiben schneiden, kurz in Salzwasser blanchieren und abtropfen lassen.

3. Die Orangen in einzelne Filets zerteilen.

4. Kartoffel- und Staudenselleriescheiben und die Orangenfilets vorsichtig mischen.

5. Für die Sauce Senf mit Öl, Brühe und Weißweinessig verrühren, mit Salz und Pfeffer würzen.

6. Die Sauce über den Salat gießen. Den Salat vorsichtig durchheben und mit Staudenselleriebättern garnieren.

Zu den gebackenen Lamm-Medaillons servieren (Rezept auf Seite 51).

Zubereitungszeit: 40 Minuten
Pro Portion 4 g E, 17 g F, 24 g KH
= 268 kcal (1120 kJ)

BEILAGEN

Sahniges Kartoffelpüree mit getrockneten Tomaten

Für 4–6 Portionen:
750 g Kartoffeln
Salz
60 g getrocknete Tomaten
(in Öl eingelegt)
125 ml Milch
150 ml Schlagsahne
60 g Butter
weißer Pfeffer (Mühle)
Muskatnuß (frisch gerieben)

1. Die Kartoffeln waschen, schälen und grob würfeln. In leicht gesalzenem Wasser zugedeckt in 18–20 Minuten gar kochen.

2. Inzwischen die Tomaten abtropfen lassen und fein würfeln. Milch und 100 ml Sahne erhitzen. Die Butter in kleine Stücke schneiden.

3. Die Kartoffeln abgießen, abdämpfen und durch die Kartoffelpresse in die Sahnemilch drücken. Zuerst mit einem Kochlöffel verrühren, dann mit einem Schneebesen aufschlagen und nach und nach die Butter unterarbeiten.

4. Die restliche Schlagsahne steif schlagen und mit den Tomatenwürfeln unterziehen. Mit Salz, Pfeffer und Muskatnuß würzen.

Zu den gefüllten Putenkeulen mit Orangensauce servieren (Rezept auf Seite 39).

Zubereitungszeit : 40 Minuten
Pro Portion (bei 6 Portionen) 4 g E, 21 g F, 18 g KH = 274 kcal (1149 kJ)

Lafers Extra-Tip

Sie können getrocknete Tomaten selbst einlegen: 1/4 l Weißwein, 1/8 l Weißweinessig und 2 l Wasser aufkochen und von der Kochstelle nehmen. 500 g getrocknete Tomaten fünf Minuten darin ziehen und anschließend gut abtropfen lassen. Tomaten in Gläser mit Twist-off-Deckel füllen, nach Geschmack mit Basilikum, Salbei, Oregano oder Rosmarin würzen und mit 3/4 l gutem Olivenöl bedecken. Hält sich gekühlt 3–4 Wochen.

Birnenkompott

Für 4 Portionen:
4 feste aromatische Birnen
(à 200 g, z. B. Williams Christ)
1 El Zitronensaft
20 g Zucker, 20 g Butter
1/4 l Auslese-Wein
3 El Grenadinesirup (alkohol-
freier Granatapfelsirup)
5 Gewürznelken
2 Stück Sternanis
1 Zimtstange
1 Tl Speisestärke
2 El Quittengelee

1. Die Birnen schälen, vierteln, entkernen, in Spalten schneiden und mit Zitronensaft beträufeln.

2. Den Zucker bei mittlerer Hitze in der Pfanne hell karamelisieren lassen. Die Butter dazugeben und schmelzen, mit dem Wein ablöschen und den Grenadinesirup dazugießen. Nelken, Sternanis und Zimt in den Sud geben. Die Birnen hineingeben und 3 Minuten dünsten, anschließend mit einer Schaumkelle herausnehmen und beiseite stellen.

3. Die Speisestärke mit wenig kaltem Wasser glattrühren, den Sud damit nach und nach leicht binden. Die Birnen wieder hineingeben und durchschwenken. Das Quittengelee unterrühren. Die Sauce abkühlen lassen.

Zum Kaiserschmarren servieren (Rezept auf Seite 151).

Zubereitungszeit: 30 Minuten (plus Kühlzeit)
Pro Portion 1 g E, 5 g F, 43 g KH
= 240 kcal (1003 kJ)

BEILAGEN

Sauerkraut-knödelrolle

Für 4 Portionen:
300 g alte Brötchen (8 Stück)
300 ml heiße Milch
150 g Sauerkraut
20 g Butter
20 g Schalottenwürfel
20 g gewürfelter
durchwachsener Speck
12 El gehackte glatte
Petersilie
1 Ei (getrennt)
Salz
Pfeffer (Mühle)

1. Brötchen in Stücke schneiden, würfeln, in einer Schüssel mit der heißen Milch begießen. Sauerkraut gut ausdrücken, kleinschneiden.

2. Butter in einer Pfanne erhitzen. Die Schalotten darin glasig dünsten. Den Speck dazugeben, ebenfalls glasig werden lassen.

3. Gehackte Petersilie und Eigelb unter die Brötchenwürfel rühren. Herzhaft mit Salz und Pfeffer würzen. Die Speckschalotten und das Sauerkraut unterrühren. Zum Schluß das Eiweiß mit 1 Prise Salz steif schlagen und unter die Knödelmasse heben.

4. Ein großes Stück Alufolie (extra breit, extra stark) mit einem ebenso großen Stück Klarsichtfolie (beides auf jeder Seite 7 cm breiter als die Knödelrolle) belegen. Die Knödelmasse darauf geben und mit Hilfe der Alufolie vorsichtig aufrollen. Die Enden der Folie fest zusammendrücken, damit in der Rolle keine Hohlräume entstehen. Die Rolle noch einmal ganz fest aufrollen, dabei immer wieder die Enden fest zusammendrücken.

5. In einem langen Bräter reichlich Wasser erhitzen. Die Rolle ins leicht siedende Wasser legen und soviel heißes Wasser dazugießen, bis die Rolle bedeckt ist. Mit einem Teller oder einer Platte beschweren, damit sie beim Garen nicht hochschwimmen kann. Die Rolle bei milder Hitze 40–45 Minuten garen.

6. Die Knödelrolle aus der Folie nehmen und in dicke Scheiben schneiden. Zum Schweinsgulasch servieren (Rezept auf Seite 43).

Zubereitungszeit: 1 1/2 Stunden
Pro Portion 12 g E, 14 g F, 44 g KH
= 348 kcal (1454 kJ)

Rosmarinkartoffeln

Für 4 Portionen:
400 g kleine, runde
Kartoffeln (festkochend)
Salz, 40 g Butter
Nadeln von 1 Rosmarinzweig
Rosmarinnadeln (Mühle)

1. Kartoffeln schälen und in Salzwasser garen, abgießen, sehr gut abdämpfen und abkühlen lassen.

2. Die Butter in einer Pfanne zerlassen. Die Kartoffeln darin langsam bei milder Hitze rösten. Dabei die Rosmarinnadeln mitbraten. Zum Schluß noch Rosmarinnadeln aus der Mühle (siehe Seite 154/155) darüber mahlen.

Zu den geschmorten Lammhaxen servieren (Rezept auf Seite 47).

Zubereitungszeit: 35 Minuten (plus Kühlzeit)
Pro Portion 2 g E, 8 g F, 12 g KH
= 132 kcal (552 kJ)

Lafers Extra-Tip

Rosmarin entfaltet sein Aroma erst so richtig durch Hitze. Deshalb sollte man ihn immer mitgaren – oder wie hier bei den Kartoffeln – mitbraten. Die würzigen Nadeln passen auch gut zu kräftigem Fleisch vom Rind oder Lamm, zu Tomaten, Auberginen, Zucchini und Waldpilzen.

BEILAGEN

Lauwarmer Rotkohlsalat

Für 4 Portionen:
1 kleiner Kopf Rotkohl (500 g)
50 g brauner Kandiszucker
60 ml Rotweinessig
200 ml Fleischbrühe
abgeriebene Schale von
1/2 Orange (unbehandelt)
30 g Butter
Salz, Pfeffer (Mühle)
60 ml schwarzer Johannis-
beersaft (100% Fruchtanteil)

1. Den Rotkohl putzen, die äußeren Blätter entfernen. Den Rotkohl vierteln, dabei den harten Strunk abschneiden. Die Rotkohlviertel in feine Streifen schneiden.

2. Den Kandiszucker in einer heißen Pfanne schmelzen lassen und mit Rotweinessig ablöschen. Die Fleischbrühe dazugießen. Die Orangenschale dazugeben. Die Butter unterrühren, herzhaft salzen und pfeffern.

3. Die Rotkohlstreifen hineingeben, einmal umrühren, den Deckel auflegen. Den Rotkohl bei milder Hitze langsam 7–10 Minuten garen, danach mit Johannisbeersaft würzen.

Lauwarm als Salat zum marinierten Schweinefilet im Blätterteigmantel servieren (Rezept auf Seite 67).

Zubereitungszeit: 40 Minuten
Pro Portion 2 g E, 6 g F, 20 g KH
= 149 kcal (622 kJ)

Lafers Extra-Tip

Es gibt drei Gründe, Rotkohl, aber auch andere Gemüse wie Kohlrabi, Möhren, Weißkohl, Sellerie oder Kartoffeln, zu karamelisieren: Das Gemüse bekommt einen feinen, herb-süßen Geschmack, es bleibt sehr saftig (weil es vom Karamel umhüllt wird) und erhält einen schönen Glanz.

Spätzle in Nußöl

Für 4 Portionen:
6 Eier
Muskatnuß (frisch gerieben)
Salz
300 g Mehl (gesiebt)
50 ml Walnußöl
2 El gehackte glatte Petersilie

1. Eier, Muskat und Salz in einer Schüssel mit dem Schneebesen verrühren. Das Mehl unterrühren. Mit dem Kochlöffel einen Teig daraus rühren, bis er Blasen schlägt und glatt ist. Die Schüssel mit Klarsichtfolie zudecken. Den Teig 30 Minuten ausquellen lassen.

2. In einem großen Topf Salzwasser sprudelnd aufkochen lassen. Das Spätzlebrett und das Spätzlemesser darin anfeuchten. Etwas Teig auf das Spätzlebrett geben und mit dem Spätzleschaber dünn verstreichen. Schmale Teigstreifen ins kochende Wasser schaben. Wenn die Spätzle fertig sind, kommen sie an die Oberfläche. Die Spätzle mit der Schaumkelle herausnehmen, abschrecken und gut abtropfen lassen.

3. Das Walnußöl in einer Pfanne erhitzen. Die Spätzle darin unter Schwenken goldbraun braten, salzen und die Petersilie unterschwenken.

Zu den Rouladen mit Aprikosensauce servieren (Rezept auf Seite 73).

Zubereitungszeit: 50 Minuten
Pro Portion 19 g E, 23 g F, 54 g KH
= 503 kcal (2105 kJ)

BEILAGEN

Geschmorter Spitzkohl

Für 4 Portionen:
1 Spitzkohl (500 g)
60 g Butter
2 El Schalottenwürfel
1 Tl Knoblauchwürfel
100 ml Fleischbrühe
Salz, Pfeffer (Mühle)
2 El Schnittlauchröllchen

1. Den Spitzkohl putzen, vierteln, dabei die harten Strunkteile entfernen.

2. 50 g Butter in einem breiten Topf schmelzen lassen. Die Schalotten und den Knoblauch darin glasig dünsten. Die Spitzkohlviertel hineinlegen, kurz anbraten, mit der Fleischbrühe aufgießen, zudecken und bei milder Hitze 10–15 Minuten schmoren.

3. Den Spitzkohl mit Schmorfond begießen. Den Fond mit der restlichen Butter binden. Den Kohl salzen, pfeffern, wieder mit Sauce beschöpfen und mit dem Schnittlauch bestreuen. Zu den überbackenen Lammkoteletts servieren (Rezept Seite 53).

Zubereitungszeit: 30 Minuten
Pro Portion: 3 g E, 13 g F, 4 g KH
= 142 kcal (594 kJ)

Geschmelzte Kartoffelklöße

Für 14 Stück:
600 g Kartoffeln (mehligkochend)
2 Eigelb
50 g Kartoffelstärke und Kartoffelstärke zum Bearbeiten
30 g geschmolzene Butter
Salz
Muskatnuß (frisch gerieben)
80 g Butter
2 El Semmelbrösel

1. Kartoffeln in der Schale garen, pellen und in eine flache Arbeitsschlale legen. Im vorgeheizten Backofen bei 150 Grad 2–3 Minuten ganz ausdämpfen lassen (Gas 1, Umluft 110 Grad).

2. Zweimal durch die Kartoffelpresse drücken. Mit einem Spatel das Eigelb in das pulvertrockene Püree arbeiten, um den Teig zu binden.

3. Wenn die Kartoffeln das Eigelb völlig aufgenommen haben, nach und nach die Kartoffelstärke unterarbeiten, bis sie völlig aufgenommen ist.

4. Nach und nach die lauwarme, geschmolzene Butter unter den Teig kneten. Den Teig mit Salz und Muskat würzen.

5. Aus dem Teig (der weich und glatt sein muß wie ein gutes Fensterleder) auf der mit Kartoffelstärke bestäubten Arbeitsfläche 2 Rollen formen (4 cm Ø) und jede Rolle in 7 Stücke schneiden. Die Hände mit Kartoffelstärke einpudern und aus den Stücken Kugeln formen.

6. Reichlich Salzwasser in einem breiten Topf aufkochen. Die Hitze herunterschalten. Die Klöße ins leise simmernde Wasser geben und in ca. 15 Minuten garziehen lassen.

7. Die Butter in einer Pfanne schmelzen. Die Semmelbrösel nach und nach hineingeben und darin rösten.

8. Die Klöße mit der Schaumkelle aus dem Wasser nehmen, gut abtropfen lassen und in den Semmelbröseln wälzen.

Zur gefüllten Schweinebrust servieren (Rezept Seite 91).

Zubereitungszeit: 1 Stunde
Pro Stück 1 g E, 2 g F, 6 g KH
= 49 kcal (205 kJ)

BEILAGEN

Saures Linsengemüse

Für 4 Portionen:
120 g kleine grüne Linsen (Puy-Linsen)
40 g Butter (davon 20 g kalt)
30 g Schalottenwürfel
350 ml Fleischbrühe (Glas)
5 El Balsamessig
Salz, Pfeffer (Mühle)

1. Die Linsen waschen und abtropfen lassen. 20 g Butter im Topf zerlassen. Die Schalotten darin glasig andünsten, die Linsen dazugeben und die Brühe dazugießen. Die Linsen bei milder Hitze 25 Minuten leise kochen lassen.

2. Inzwischen den Balsamessig um ein Drittel einkochen. Wenn die Flüssigkeit bei den Linsen eingekocht ist, den reduzierten Balsamessig dazugeben, mit Salz und Pfeffer würzen und die restliche kalte Butter in kleinen Stücken unterschwenken.

Zum Zanderfilet mit Kartoffelschuppen servieren (Rezept auf Seite 75).

Zubereitungszeit: 30 Minuten
Pro Portion 8 g E, 9 g F, 15 g KH
= 174 kcal (728 kJ)

Lafers Extra-Tip

Die kleinen grünen Linsen, die ich für dieses Gemüse verwende, behalten auch nach längerem Kochen die Form. Sie schmecken intensiv nussig und nehmen besonders gut Aromastoffe auf, wie zum Beispiel hier den eingekochten Balsamessig, der allerdings von guter Qualität sein sollte.

Rote-Bete-Salat mit Äpfeln

Für 6 Portionen:
2 Rote-Bete-Knollen (à 300 g)
1 Tl Kümmel, Salz
300 g Äpfel (z. B. Boskop)
2 El Zitronensaft
20 g Butter
100 g Schalottenwürfel
70 ml Apfelessig
150 ml Pflanzenöl
1 Tl Senf
Pfeffer (Mühle)
1 El Hagebuttenmark (Reformhaus)
2 El gehackte glatte Petersilie

1. Rote Bete mit Kümmel in Salzwasser in 35–40 Minuten weichkochen, abschrecken, und abtropfen lassen. Stiel- und Blütenansatz großzügig abschneiden. Die Knollen pellen (mit Handschuhen), erst in Scheiben, dann in Würfel schneiden.

2. Die Äpfel schälen, vierteln, entkernen, würfeln und in einer Schale mit Zitronensaft beträufeln, damit sie nicht braun werden. Die Rote-Bete-Würfel untermischen.

3. Für die Vinaigrette in einer heißen Pfanne die Butter schmelzen. Die Schalotten darin andünsten. Mit Apfelessig ablöschen. Das Öl dazugießen. Den Senf unterrühren, mit Salz und Pfeffer würzen. Das Hagebuttenmark unterrühren. Zum Schluß die Petersilie unterziehen. Die Vinaigrette über den Salat gießen, durchheben und etwas durchziehen lassen.

Zum Schinken in Nußteig servieren (Rezept Seite 71).

Zubereitungszeit: 1 Stunde
Pro Portion 2 g E, 28 g F, 16 g KH
= 327 kcal (1366 kJ)

Lafers Extra-Tip

Mein morgendlicher Muntermacher: 1 Rote-Bete-Knolle, 1/4 Sellerieknolle, 1/2 Kartoffel, 1 Stange Staudensellerie und 1 Orange geschält in eine Saftpresse geben, zu Saft pressen und gleich trinken.

BEILAGEN

Kartoffelwaffeln

Für 4 Portionen:
250 g Kartoffeln
(mehlig kochend)
Salz, 4 Eier
5 El Schlagsahne
2 El Magerquark
30 g Hartweizengrieß
100 g Weizenmehl
Pfeffer (Mühle)
1 El gehackte Majoranblätter
Öl zum Backen

1. Die Kartoffeln in Salzwasser garen, abgießen, gut ausdämpfen lassen und schälen.

2. Die Kartoffeln lauwarm (auf keinen Fall kalt) durch die Kartoffelpresse drücken. Eier, Sahne, Quark, Grieß und Mehl dazugeben, alles gut verrühren, herzhaft salzen und pfeffern. Den Teig nicht zu lange rühren, damit er nicht zäh wird. Den Majoran unterrühren. Den Teig 20 Minuten gehen lassen, damit der Grieß ausquellen kann.

3. Das heiße Waffeleisen dünn mit Öl einpinseln. Den Teig portionsweise hineingeben und Waffeln daraus backen.

Zum Jäger- und zum Paprikaschnitzel servieren (Rezepte auf Seite 81 und 85). Sie können aber auch als kleines vegetarisches Gericht mit einem Bananen-Dip serviert werden (Rezept auf Seite 33).

Zubereitungszeit: 50 Minuten
Pro Portion 12 g E, 13 g F, 31 g KH
= 295 kcal (1237 kJ)

Lafers Extra-Tip

Die elektrischen Waffeleisen sind heute alle antihaft-beschichtet, so daß man mit wenig Fett zum Backen auskommt. Nach Gebrauch das Eisen mit Küchenpapier auswischen und mit einer Lage Küchenpapier zwischen den Waffeleisenhälften wegstellen. So wird auch das restliche Fett aufgesogen.

Kopfsalat mit Sesam-Vinaigrette

Für 4 Portionen:
1 Kopfsalat
20 g Sesamsaat
100 ml Öl
20 ml Sesamöl
30 ml Balsamessig
Salz, Pfeffer (Mühle)

1. Den Kopfsalat putzen, waschen, abtropfen lassen und nur die hellen Blätter zerpflücken.

2. Die Sesamsaat bei milder Hitze in einer Pfanne ohne Fett unter Wenden langsam goldbraun rösten und etwas abkühlen lassen.

3. Für die Vinaigrette beide Ölsorten und den Balsamessig verrühren, mit Salz und Pfeffer würzen.

4. Die Salatblätter auf einer Platte ausbreiten, mit der Vinaigrette beträufeln, mit Sesamsaat bestreuen.

Zu den Geflügelleber-Crêpes servieren (Rezept Seite 25).

Zubereitungszeit: 15 Minuten
Pro Portion 1 g E, 32 g F, 1 g KH
= 299 kcal (1252 kJ)

BEILAGEN

Grießplätzchen mit Raukesalat

Für 4–6 Portionen:
375 ml Milch
Salz, Pfeffer (Mühle)
Muskatnuß (frisch gerieben)
125 g Hartweizengrieß
1 Eigelb
40 g Butter
60 g Bergkäse (gerieben)
Öl zum Bestreichen
150 g Rauke
2 kleine Schalotten
1 Knoblauchzehe
20 g Butterschmalz

1. Die Milch aufkochen, salzen, pfeffern und kräftig mit Muskat würzen. Den Grieß hineingeben und unter Rühren kochen, bis sich am Boden ein leichter weißer Film bildet. Den Topf vom Herd nehmen. Eigelb und 20 g Butter in den Teig rühren, den Käse untermischen.

2. Das Backblech einölen. Die Grießmasse 1 cm dick glatt darauf ausstreichen und abkühlen lassen.

3. Inzwischen die Rauke putzen, waschen, gut abtropfen lassen und in grobe Streifen schneiden. Die Schalotten pellen und fein würfeln. Die Knoblauchzehe pellen und klein würfeln.

4. Einen glatten Ausstecher (5 cm Ø) mit Öl einpinseln, damit Halbmonde (oder Kreise) aus dem Teig ausstechen.

5. Das Butterschmalz in einer großen Pfanne erhitzen. Die Plätzchen darin goldbraun anbraten. Schalotten und Knoblauch in die Mitte geben, salzen und pfeffern. Die Plätzchen umdrehen und 2–3 Minuten weiterbraten. Die restliche Butter dazugeben. Die Rauke nur ganz kurz unterschwenken.

Zum pochierten Rinderfilet servieren (Rezept Seite 41).

Zubereitungszeit: 30 Minuten
(plus Zeit zum Abkühlen)
Pro Portion (bei 6 Portionen) 8 g E, 17 g F, 20 g = 270 kcal (1129 kJ)

Mangoldgemüse mit Koriander

Für 4 Portionen:
1 Mangold (ca. 600 g)
2 Tomaten
2 Schalotten
1 Knoblauchzehe
80 g Butter
Zucker
3 El Sojasauce
1/2 Bund Koriandergrün

1. Den Mangold putzen, dabei die groben äußeren Blätter entfernen und die Stielenden abschneiden. Die Blätter waschen und in einem Durchschlag gut abtropfen lassen. Die Stiele keilförmig aus den Blättern herausschneiden. Stiele und Blätter getrennt in Streifen schneiden.

2. Die Tomaten auf der runden Seite einritzen, kurz mit kochendem Wasser überbrühen, abschrecken und häuten. Die Tomaten vierteln, entkernen und in feine Würfel schneiden.

3. Schalotten und Knoblauch pellen und fein würfeln.

4. 60 g Butter in einer Pfanne erhitzen, die Mangoldstiele darin unter Rühren 3–4 Minuten andünsten. Schalotten und Knoblauch dazugeben und mit 1 Prise Zucker würzen. Die Sojasauce unterrühren. Dann die Blätter dazugeben, zudecken und das Gemüse bei milder Hitze kurz 2 Minuten dünsten.

5. Inzwischen das Koriandergrün hacken.

6. Die restliche Butter in den Mangold einschwenken, das Koriandergrün und die Tomaten dazugeben und kurz erwärmen.

Zu den geschmorten Schweinekoteletts servieren (Rezept Seite 89).

Zubereitungszeit: 30 Minuten
Pro Portion 4 g E, 17 g F, 7 g KH
= 202 kcal (844 kJ)

BEILAGEN

Rosenkohlpüree

Für 4 Portionen:
500 g Rosenkohl
Salz
300 ml Schlagsahne
Salz, Pfeffer (Mühle)
Muskatnuß (frisch gerieben)
2 El geschlagene Sahne

1. Vom Rosenkohl die äußeren Blätter entfernen und den Strunk kreuzweise einschneiden. Die Röschen in Salzwasser 12–15 Minuten vorgaren, abschrecken und gut abtropfen lassen.

2. Die Schlagsahne aufkochen. Den Rosenkohl hineingeben, mit Salz, Pfeffer und Muskat würzen. Den Rosenkohl unter Rühren in der Sahne weichkochen.

3. Den Rosenkohl im Topf in der Sahne mit dem Schneidstab nicht zu fein pürieren. Die geschlagene Sahne vorsichtig unterheben. Das Rosenkohlpüree salzen.

Zu Nocken abgestochen oder in der Schüssel zum Rehfilet mit Wildsauce servieren (Rezept Seite 61).

Zubereitungszeit: 30 Minuten
Pro Portion 6 g E, 26 g F, 6 g KH
= 280 kcal (1173 kJ)

Lafers Extra-Tip

Muskatnuß und Pfeffer sind die typischen Gewürze für den Rosenkohl. Bei feineren Gerichten gebe ich gern Zitronensaft oder Madeira dazu. Wenn´s etwas deftiger sein soll: Rosenkohl und knusprig gebratener Speck sind eine wunderbare Kombination! Und: Kochen Sie diesen zarten Kohl nicht zu lange, 12–15 Minuten reichen völlig aus.

Gebackene Kartoffeln

Für 4 Portionen:
4 große Kartoffeln (à 120 g)
Fett für die Form
1 Tl Butterschmalz
2 El durchwachsener Speck (gewürfelt)
2 El Schalottenwürfel
Salz, Pfeffer (Mühle)
Muskatnuß (frisch gerieben)
30 ml heiße Sahne
30 g Allgäuer Emmentaler

1. Die Kartoffeln waschen, trockentupfen, mit einer Nadel rundherum einstechen. Die Kartoffeln einzeln in Alufolie einwickeln, auf einem Backblech im vorgeheizten Backofen auf der 2. Einschubleiste von unten bei 200 Grad je nach Größe 80–100 Minuten backen (Gas 3, Umluft ca. 90 Minuten bei 200 Grad). Die Kartoffeln etwas abkühlen lassen und dann erst aus der Folie wickeln.

2. Von jeder Kartoffel auf der breiten Seite einen Deckel abschneiden. Das Kartoffelinnere mit einem Löffel herausschaben, dabei einen dicken Rand stehen lassen. Eine feuerfeste Form einfetten, die ausgehöhlten Kartoffeln hineinsetzen.

3. Während die Kartoffeln garen, das Butterschmalz in einer Pfanne erhitzen. Zuerst den Speck und dann die Schalotten leicht bräunen.

4. Das Kartoffelinnere durch die Kartoffelpresse drücken, mit Salz, Pfeffer und Muskat würzen. Die heiße Sahne und die Speck-Schalotten unterrühren. In einen Spritzbeutel geben, in die Kartoffeln spritzen, Käse darüberstreuen.

5. Die Kartoffeln im vorgeheizten Backofen auf der 2. Einschubleiste von unten bei 225 Grad 6–8 Minuten überbacken (Gas 3–4, Umluft 5–6 Minuten bei 200 Grad).

Zu den Kalbsmedaillons mit Spargel und Salbei servieren (Rezept Seite 49).

Zubereitungszeit: 2 Stunden
Pro Portion 5 g E, 18 g F, 15 g KH
= 246 kcal (1032 kJ)

DESSERTS
Schaumige Cremes, elegante Törtchen,

saftige Kuchen

Vanillecreme mit Orangenkrokant

Für 6 Portionen:

Krokant
100 g Zucker
60 g gehackte Mandeln
abgeriebene Schale
von 1 Orange (unbehandelt)
1 El Öl

Creme
100 g Zucker
Mark von 1 Vanilleschote
4 Eigelb
200 ml Milch
3 Blatt weiße Gelatine
2 Eiweiß
180 ml geschlagene Sahne

Außerdem
400 g Rumtopf-Früchte
frische Minze
etwas Puderzucker

1. Für den Krokant den Zucker in einer heißen Pfanne schmelzen. Dabei gleich die Mandeln unterrühren und mit Orangenschale würzen. Ein Backblech mit Öl einpinseln, den Krokant daraufschütten, etwas verstreichen und fest werden lassen.

2. Für die Creme 60 g Zucker, Vanillemark, Eigelb und Milch über dem heißen Wasserbad aufschlagen. Die Gelatine in kaltem Wasser einweichen, ausdrücken und unter die heiße Creme schlagen. Die Creme durchrühren, mit Klarsichtfolie zudecken und im Kühlschrank nicht zu fest werden lassen.

3. Das Eiweiß mit dem restlichem Zucker zu steifem Schnee schlagen. Den kalten Krokant grob zerbröckeln und in der Moulinette mahlen (erst Intervallschaltung, um die groben Stücke zu zerkleinern, dann höher schalten).

4. Die Creme glattrühren, die Schlagsahne unterrühren. Die Hälfte des Eischnees unterrühren, die Krokantbrösel dazugeben und den restlichen Eischnee unterheben. Die Creme mit dem Schneebesen leicht verrühren. In 6 Auflaufförmchen (à 150 ml) füllen, mit Klarsichtfolie zudecken. Die Creme im Kühlschrank fest werden lassen.

5. Zum Anrichten die Creme mit einem in heißes Wasser getauchten Messer vom Formenrand lösen und das Förmchen ganz kurz in heißes Wasser tauchen. Die Creme auf Dessertteller stürzen. Abgetropfte Rumtopf-Früchte dazugeben, mit Minze garnieren, mit Puderzucker bestreuen und servieren.

Zubereitungszeit: 1 Stunde (plus Kühlzeit)
Pro Portion 9 g E, 23 g F, 60 g KH
= 499 kcal (2091 kJ)

Lafers Extra-Tip

Der klassische Krokant wird aus geschmolzenem Zucker (Karamel), Mandeln, Haselnuß- oder Walnußkernen gemacht. Ich mische gern noch etwas Orangen- oder Zitronenschale darunter, die feine Säure der Zitrusfrüchte ist ein angenehmes Gegengewicht zur Süße des Zuckers. Den Karamel unbedingt in einer Pfanne oder in einem Topf mit Sandwichboden zubereiten, damit sich die Hitze gleichmäßig auf dem Topf- oder Pfannenboden verteilt und der Zucker gleichmäßig schmilzt und bräunt.

DESSERTS

Gefüllte Pfannkuchentorte mit Zuckerkruste

Für 6–8 Portionen:

Pfannkuchen
175 g Mehl
320 ml Milch
2 Eier
abgeriebene Schale
von 1/2 Zitrone (unbehandelt)
Mark von 1 Vanilleschote
Salz
100 g Butterschmalz
zum Braten

Füllung
80 g Butter
110 g Zucker
250 g Magerquark
3 Eigelb
1 El Crème fraîche
abgeriebene Schale von
1/2 Orange (unbehandelt)
abgeriebene Schale
von 1/2 Zitrone (unbehandelt)
Salz
1 El Rum
50 g Rosinen
2 Eiweiß

Guß
40 g Zucker
1 Ei, 1 Eiweiß
125 ml Schlagsahne
Mark von 1 Vanilleschote
2 El brauner Zucker

1. Für den Teig Mehl, Milch, Eier, Zitronenschale, Vanillemark und 1 Prise Salz in einer Schüssel verrühren.

2. Etwas Butterschmalz mit einem Pinsel in einer heißen Pfanne (26 cm Ø) verteilen. Mit einer Kelle etwas Teig in die Pfanne gießen und durch vorsichtiges Schwenken gleichmäßig verteilen. Den Pfannkuchen auf der Unterseite goldbraun braten, dann umdrehen und weiterbraten. So nach und nach 6 Pfannkuchen backen, dabei die Pfanne immer wieder mit Butterschmalz auspinseln. Die fertigen Pfannkuchen beiseite stellen.

3. Für die Füllung 60 g Butter und 50 g Zucker schaumig aufschlagen. Nach und nach Quark, Eigelb und Crème fraîche unterrühren, Orangen- und Zitronenschale dazugeben, mit 1 Prise Salz und mit Rum würzen. Die Rosinen unterrühren. Das Eiweiß mit dem restlichen Zucker steif schlagen und unterheben.

4. Eine Springform (26 cm Ø) dick mit der restlichen Butter einpinseln. Einen Pfannkuchen hineinlegen und etwas Quarkfüllung darauf verstreichen. Wieder einen Pfannkuchen und etwas Füllung draufgeben. Weiter schichten, bis Pfannkuchen und Füllung aufgebraucht sind. Obendrauf muß ein Pfannkuchen ohne Füllung liegen.

5. Die Pfannkuchentorte im vorgeheizten Backofen auf der 2. Einschubleiste von unten 10–12 Minuten bei 200 Grad backen (Gas 3, Umluft 15 Minuten bei 180 Grad).

6. Inzwischen für den Guß Zucker, Ei und Eiweiß verrühren. Die Schlagsahne dazugießen und das Vanillemark unterrühren.

7. Eierguß auf die Torte gießen und gut verteilen. Die Torte weitere 20 Minuten bei gleicher Temperatur (Umluft 30 Minuten) backen.

8. Den braunen Zucker auf die Torte streuen und ihn in 5–6 Minuten karamelisieren lassen. Die Torte aus dem Ofen nehmen und lauwarm abkühlen (oder 2–3 Stunden ruhen) lassen, aus der Form nehmen, in Stücke schneiden und mit Orangenkompott anrichten (Rezept siehe unten).

Zubereitungszeit: 1 1/2 Stunden
Pro Portion (bei 8 Portionen) 14 g E, 34 g F, 48 g KH = 557 kcal (2332 kJ)

Lafers Extra-Tip

Für das Kompott 50 g Zucker goldbraun karamelisieren. 1 El Honig und 200 ml Weißwein dazugeben. 100 g Orangenmarmelade unterrühren, etwas einkochen und abkühlen lassen. 3 große Orangen einschließlich der weißen Innenhaut schälen, die Filets aus den Trennhäuten herauslösen, den Saft dabei auffangen. Filets und Saft unter den Orangensud geben, mit 2 El Orangenlikör würzen und 30 g halbierte Pistazienkerne unterrühren.

DESSERTS

Haselnußauflauf mit Glühwein-Sabayon

Für 6 Portionen:

Auflauf
75 g geschälte Haselnüsse
75 g altbackener Biskuit
3 Eiweiß
85 g Zucker
85 g Butter
3 Eigelb
abgeriebene Schale von
1/2 Orange (unbehandelt)
flüssige Butter und
Zucker für die Förmchen
Puderzucker zum
Bestäuben

Sabayon
1/8 l Rotwein
2 Gewürznelken
1/2 Zimtstange
50 g Zucker
2 Eigelb
abgeriebene Schale von
1/4 Orange (unbehandelt)
2 El Zitronensaft

1. Die Haselnüsse in der Küchenmaschine mahlen. Den Biskuit in der Küchenmaschine zerbröseln. Eiweiß mit 40 g Zucker steif schlagen.

2. Die Butter mit dem restlichen Zucker in einer Schüssel schaumig schlagen. Nach und nach das Eigelb unterrühren und mit Orangenschale würzen. Erst zwei Drittel Biskuit, zwei Drittel Haselnüsse und ein Drittel Eischnee dazugeben und verrühren, dann den Rest Eischnee, Haselnüsse und Biskuit unterrühren.

3. Boden und Rand der Förmchen mit flüssiger Butter einpinseln und mit Zucker ausstreuen. Die Auflaufmasse hineingeben. Die Förmchen in eine feuerfeste Form setzen. Wasser in die Form gießen.

4. Im heißen Wasserbad im vorgeheizten Backofen auf der 2. Einschubleiste von unten bei 200 Grad 20–25 Minuten backen (Gas 3, Umluft 20–25 Minuten bei 180 Grad).

5. Inzwischen Rotwein mit Nelken, Zimt und Zucker aufkochen. Dann abkühlen lassen, durch ein Sieb gießen.

6. Eigelb, Orangenschale, Zitronensaft und den Rotweinsud im Rührkessel über dem heißen Wasserbad so lange aufschlagen, bis eine schaumige Creme entstanden ist. Den Kessel vom Wasserbad nehmen, den Sabayon noch etwas weiterschlagen.

7. Die Aufläufe aus den Förmchen lösen, die Köpfe dick mit Puderzucker bestäuben. Dessertteller mit Sabayon begießen, die Aufläufe darauf setzen und servieren.

Zubereitungszeit: 1 Stunde
Pro Portion 8 g E, 30 g F, 34 g KH
= 441 kcal (1848 kJ)

Lafers Extra-Tip

Hier haben Sie das Rezept für eine klassische Auflauf- oder Soufflémasse, das Sie immer wieder variieren können. Die Haselnüsse können Sie z. B. gegen Walnüsse oder Mandeln austauschen. Sie können sie auch durch Schokoladenstücke ersetzen oder sie halb und halb mit Schokoladenstücken mischen. Nur an den Grundzutaten und am Gewicht dürfen Sie nichts ändern. Und Sie müssen die Masse auch so anrühren, wie ich es mache. Nur dann wird der Auflauf locker und luftig.

DESSERTS

Quarkknödel-Auflauf

Für 4–6 Portionen
(10 Knödel):

Knödel
500 g Magerquark
30 g Butter
30 g Zucker
1 Ei
2 Eigelb
abgeriebene Schale von
1/2 Zitrone (unbehandelt)
1 Pk. Bourbon-Vanillezucker
100 g gewürfeltes Weißbrot
ohne Rinde
200 g getrocknete,
gewürfelte Aprikosen
4 El Aprikosengeist
Salz
100 g Aprikosenkonfitüre

Brösel
50 g Butter
abgeriebene Schale von
1/2 Orange (unbehandelt)
Zimtpulver
100 g Semmelbrösel

Creme
50 g Zucker
4 Eigelb
Mark von 1 Vanilleschote
20 g Vanille-Puddingpulver
100 ml Weißwein
abgeriebene Schale von
1/2 Orange (unbehandelt)
abgeriebene Schale von
1/2 Zitrone (unbehandelt)
1 Orangenlikör (Grand Marnier)
50 ml geschlagene Sahne
2 El Puderzucker

1. Den Quark in einem mit einem Mulltuch ausgelegten Sieb abtropfen lassen, danach im Tuch noch einmal gründlich ausdrücken.

2. Für die Knödel Butter und Zucker schaumig rühren. Ei und Eigelb unterrühren, mit Zitronenschale und Vanillezucker würzen. Den Quark unterrühren, die Weißbrotwürfel unterkneten. Den Teig mit Klarsichtfolie zudecken und im Kühlschrank 1 Stunde ausquellen lassen. Inzwischen die Aprikosenwürfel in Aprikosengeist einlegen.

3. Mit einem nassen Eisportionierer (oder mit dem Löffel) 10 Knödel aus dem Teig ausstechen, mit nassen Händen rund formen. Die Knödel in kochendes Salzwasser geben und danach in 10–15 Minuten langsam gar ziehen lassen.

4. Inzwischen eine feuerfeste Form mit Aprikosenkonfitüre ausstreichen. Die eingelegten Aprikosenwürfel mit der Flüssigkeit in die Form geben.

5. Butter in einer heißen Pfanne schmelzen, Orangenschale und Zimt dazugeben. Die Semmelbrösel nach und nach unterrühren und etwas rösten.

6. Zucker und Eigelb in einem Schneekessel mit Vanillemark, Puddingpulver, Weißwein, Orangen- und Zitronenschale mischen und über dem heißen Wasserbad in 12–15 Minuten dick-cremig aufschlagen, herunternehmen, noch etwas weiter schlagen, zum Schluß mit dem Orangenlikör würzen und die geschlagene Sahne unterrühren.

7. Die Knödel mit der Schaumkelle aus dem Wasser nehmen, gut abtropfen lassen und durch die Semmelbrösel ziehen. Die Knödel dicht an dicht in die Form legen. Die Creme über die Knödel gießen und dick mit Puderzucker besieben.

8. Die Knödel im vorgeheizten Backofen auf der 2. Einschubleiste von unten bei 230 Grad 10 Minuten überbacken (Gas 4–5, Umluft 5–7 Minuten bei 250 Grad). Den Quarkknödel-Auflauf in der Form servieren.

Zubereitungszeit: 1 1/2 Stunden (+ Ruhezeit)
Pro Portion (bei 6 Portionen) 22 g E, 24 g F, 76 g KH = 634 kcal (2655 kJ)

Lafers Extra-Tip

Damit die Quarkknödel schön locker werden, sind diese drei Punkte besonders wichtig:
• Der Quark muß gut ausgedrückt werden, damit die Masse nicht zu feucht wird. Das geht am besten mit einem Mulltuch.
• Die Butter muß beim Rühren weiß-schaumig werden.
• Die Quarkmasse muß 1 Stunde kühl stehen.

DESSERTS

Baumkuchentörtchen mit Quarkcreme

Für 8 Stück:

Baumkuchen
125 g Butter, 7 Eigelb
60 g Marzipanrohmasse
1 El Rum
abgeriebene Schale von
1/2 Zitrone (unbehandelt)
Salz
Mark von 1 Vanilleschote
3 Eiweiß, 125 g Zucker
60 g Mehl
60 g Speisestärke

Gelee
50 ml Johannisbeersaft
50 ml Rotwein
1 Zimtstange
2 El Zucker
3 Blatt weiße Gelatine
250 g Johannisbeeren

Creme
200 g Speisequark
100 g Joghurt
30 g Puderzucker
2 Pk. Bourbon-Vanillezucker
abgeriebene Schale von
1/2 Zitrone (unbehandelt)
abgeriebene Schale von
1/2 Orange (unbehandelt)
3 Blatt weiße Gelatine
200 g geschlagene Sahne
1 Eiweiß, 20 g Zucker

Außerdem
Butter und Backpapier
1 feuerfeste Form (Jenaer Glas, Porzellan oder Keramik, 26 cm lang, 16-18 cm breit, 4 cm hoch, steiler Rand)
8 Metallringe (8 cm Ø, 3,5 cm hoch)

1. Die Butter mit dem Eigelb in der Küchenmaschine verrühren. Die Marzipanrohmasse würfeln und unterrühren. Mit Rum, Zitronenschale und 1 Prise Salz würzen. Das Vanillemark unterrühren.

2. Das Eiweiß steif aufschlagen, dann den Zucker langsam einrieseln lassen.

3. Damit der Teig locker und saftig wird, erst ein Drittel des Eischnees mit dem Gummispatel unter den Teig heben. Ein Drittel Mehl und ein Drittel Speisestärke dazu sieben und unterrühren. Jetzt erst das restliche Mehl und die restliche Speisestärke dazusieben und den restlichen Eischnee vorsichtig mit dem Spatel unterheben.

4. Die feuerfeste Form ausbuttern und den Boden mit Backpapier auslegen. Eine dünne Schicht Teig mit der Palette gleichmäßig auf den Boden streichen.

5. Den Teig im oberen Drittel des vorgeheizten Backofens in etwa 2–3 Minuten goldgelb backen: bei 250 Grad und eingeschaltetem Grill. (Umluft, Gas und Backöfen ohne Grill sind leider nicht geeignet!)

6. Die Form aus dem Backofen nehmen. Die gebackene Teigschicht dünn und gleichmäßig mit flüssigem Teig bestreichen und wieder backen. Auf diese Weise insgesamt 20 Schichten Teig für den Baumkuchen backen. Den Baumkuchen abkühlen lassen.

7. Für das Gelee Johannisbeersaft und Rotwein mit der Zimtstange und dem Zucker aufkochen. Inzwischen die Gelatine in kaltem Wasser einweichen, ausdrücken und im warmen Rotweinsud auflösen. Die Zimtstange herausnehmen. Den Sud beiseite stellen und abkühlen lassen.

8. Die Johannisbeeren mit einer Gabel von den Rispen streifen (tiefgekühlte Johannisbeeren erst kurz vor dem Zubereiten antauen lassen).

9. Für die Creme Quark und Joghurt mit dem Schneebesen in einer Schüssel verrühren. Puder- und Vanillezucker darin glattrühren. Zitronen- und Orangenschale unterrühren. Die Gelatine in kaltem Wasser einweichen, tropfnaß in einem Topf bei mittlerer Hitze auflösen. Damit die Creme später nicht klumpt, erst etwas Quarkmasse in die flüssige Gelatine geben und unterrühren. Diesen Teil jetzt unter die Quarkmasse rühren. Die geschlagene Sahne unterheben. Das Eiweiß steif schlagen, dabei den Zucker erst zum Schluß einrieseln lassen. Den Eischnee vorsichtig unter die Quarkmasse rühren.

10. Den Baumkuchen mit einem Messer vom Rand der Form lösen, stürzen und das Papier abziehen. Den Rand abschneiden. Den Baumkuchen vorsichtig längs in dünne Bahnen (3 mm) aufschneiden.

11. Die Metallringe auf einen flachen Teller setzen. Eine Teigbahn in einen Metallring setzen und auf passende Größe schneiden. Alle Metallringe so auskleiden. Quarkcreme in die ausgemantelten Ringe geben, dabei für das Gelee oben ein Drittel freilassen. Die Törtchen 20 Minuten in den Kühlschrank stellen, damit die Creme fest wird. Die Johannisbeeren mit dem Rotweinsud begießen und leicht gelieren lassen.

12. Die Törtchen aus dem Kühlschrank nehmen. Die gelierten Johannisbeeren auf die kalte Quarkcreme gießen. Die Törtchen 1 Stunde im Kühlschrank kalt stellen, danach die Ringe abziehen. Zu den Törtchen paßt Vanille- oder Johannisbeersauce.

Zubereitungszeit: 3 Stunden (plus Kühlzeiten)
Pro Stück 8 g E, 18 g F, 41 g KH = 365 kcal (1530 kJ)

Lafers Extra-Tip

Gelatine muß immer warm bzw. heiß aufgelöst werden, weil sie sich sonst nicht mit den anderen Zutaten verbindet. Also: Gelatine in kaltem Wasser einweichen und ausgedrückt in warmer Flüssigkeit auflösen (wie beim Gelee). Oder in kaltem Wasser einweichen und tropfnaß im Topf bei mittlerer Hitze auflösen, bevor sie in kalte Zutaten (wie die Quarkcreme) kommt, um darin zu gelieren.

DESSERTS

Pfannkuchen mit glasierten Äpfeln

Für 8 Portionen:

Teig
50 g Butter
230 ml Milch
abgeriebene Schale von
1 Orange (unbehandelt)
25 g Zucker
125 g Mehl
3 Eier
10 ml Rum
Salz
40 g Butter zum Braten

Glasierte Äpfel
800 g Äpfel (z. B. Boskop)
Saft von 1 Zitrone
80 g Zucker
1 El Honig
60 g Butter
250 ml Weißwein
3 El Ahornsirup
20 ml Apfelbrand

Orangenstreifen
1 unbehandelte Orange
100 ml frisch gepreßter Orangensaft
30 g Zucker
20 ml Grenadinesirup (Granatapfelsirup)

Sauce
100 g Zucker
200 ml frisch gepreßter Orangensaft
80 ml Grenadinesirup
2 Tl Speisestärke
20 ml Cointreau (Orangenlikör)

1. Die Butter im Topf 10 Minuten leicht kochen lassen und dabei bräunen. Die gekochte Butter anschließend durch ein mit Küchenpapier ausgelegtes Sieb gießen.

2. In einer Schüssel Milch, Orangenschale, Zucker, Mehl, Eier, Rum und 1 Prise Salz verrühren. Zum Schluß die braune, flüssige Butter unterziehen.

3. Die Äpfel schälen, vierteln, entkernen, in nicht zu dicke Spalten schneiden und mit Zitronensaft beträufeln.

4. Den Zucker in einer Pfanne bei milder Hitze langsam schmelzen lassen. Honig und Butter unterrühren. Den Karamel mit Weißwein ablöschen. Den Ahornsirup dazugeben. Die Apfelspalten hineingeben und langsam in 4 Minuten weich dünsten. Dann die Apfelspalten mit dem Apfelbrand würzen.

5. Die Butter portionsweise in einer kleinen, beschichteten Pfanne schmelzen. Den Teig mit einer Kelle hineingeben und langsam durch vorsichtiges Schwenken dünn in der Pfanne verlaufen lassen. Nacheinander 8 kleine, möglichst dünne Pfannkuchen (16 cm Ø) backen. Die fertig gebackenen Pfannkuchen warm stellen.

6. Für die Streifen die Orange heiß waschen, trocknen und die Schale ohne die weiße Innenhaut abschälen. In sehr feine Streifen schneiden.

7. Den Orangensaft mit Zucker und Grenadinesirup aufkochen, die Orangenschale dazugeben und so lange kochen, bis sie dunkelrot ist. Die Orangenschale im Sieb abtropfen lassen.

8. Inzwischen den Zucker im Topf schmelzen lassen, mit dem Orangensaft ablöschen und den Grenadinesirup dazugießen. Die Speisestärke mit etwas kaltem Wasser sehr flüssig verrühren, nach und nach die Sauce damit leicht binden. Die Sauce zum Schluß mit dem Cointreau würzen.

9. Die Pfannkuchen zur Hälfte mit den glasierten Äpfeln füllen, die andere Hälfte darüberschlagen, mit der Orangen-Cointreau-Sauce beträufeln und mit den kandierten Orangenstreifen bestreuen.

Zubereitungszeit: 45 Minuten
Pro Portion 6 g E, 20 g F, 73 g KH
= 522 kcal (2188 kJ)

DESSERTS

Birnenstrudel mit Auslese-Sabayon

Für 6 Portionen (10–12 Scheiben):

Teig
450 g Mehl und Mehl zum Bearbeiten
50 ml Öl und
Öl zum Einpinseln
Salz
1 El weiche Butter für das Backblech

Füllung
30 g Rosinen, 2 El Rum
300 g aromatische Birnen (z. B. Williams Christ)
3 El Zitronensaft
80–100 g Zucker
50 g Semmelbrösel
50 g geriebene Haselnüsse
50 g gehobelte Mandeln
1 El Crème fraîche
20 ml Birnengeist

Außerdem
1 Tl kräftiger Honig
20 g flüssige Butter

Auslese-Sabayon
125 ml Auslese-Wein
4 Eigelb
50 g Zucker
2 El Saft und die abgeriebene Schale von 1/2 Zitrone (unbehandelt)

1. Für den Teig gesiebtes Mehl, Öl, 230 ml lauwarmes Wasser und Salz zu einem glatten Teig verkneten. Den Teig zur Kugel formen und mit etwas Mehl bestäuben. Teig wieder zusammendrücken und fest klopfen, um die Luft herauszudrücken. Eine flache Kugel daraus formen und auf einen geölten Teller legen. Auch den Teig mit Öl einpinseln und mit Klarsichtfolie zudecken, damit er nicht antrocknet. Den Teig 30 Minuten ruhenlassen.

2. Inzwischen für die Füllung die Rosinen in Rum einweichen. Die Birnen schälen, entkernen, nicht zu grob würfeln und mit etwas Zitronensaft beträufeln, damit sie nicht braun werden. Die Birnen in einer Schüssel mit Zucker, Semmelbröseln, eingeweichten Rosinen mit Rum, Haselnüssen, Mandeln und Crème fraîche gut verrühren und mit Birnengeist würzen. Die Füllung 10 Minuten durchziehen lassen.

3. Ein Strudeltuch (Mulltuch/Küchentuch) ausbreiten und mit Mehl bestreuen. Den Teig darauflegen, mit Mehl bestäuben, mit einer Kuchenrolle auf Strudellänge ausrollen und wieder mit Mehl bestreuen. Die Hände gut bemehlen. Den Teig jetzt so dünn wie möglich über die Handrücken ausziehen und wieder aufs Tuch legen. Die Ränder vorsichtig nach außen ziehen. Die Füllung der Länge nach auf das untere Ende setzen. Den äußeren dicken Teigrand großzügig wegschneiden. Den Teig rechts und links ein wenig über die Füllung klappen. Den Teig mit der Füllung mit Hilfe des Tuchs zum Strudel aufrollen.

4. Das Backblech mit Butter bepinseln, damit der Strudel nicht festklebt. Den Strudel vom Tuch vorsichtig auf das Blech gleiten lassen. Den Honig mit der Butter verrühren. Den Teig damit gleichmäßig und dick einpinseln, damit er beim Backen einen schönen Glanz bekommt.

5. Den Strudel auf der 2. Einschubleiste von unten bei 225 Grad 20–25 Minuten backen (Gas 4, Umluft etwa 25 Minuten bei 180 Grad). Den Strudel etwas abkühlen lassen.

6. Inzwischen für den Sabayon alle Zutaten im Rührkessel über dem heißen Wasserbad mit dem Schneebesen so lange kräftig aufschlagen, bis nach 5–6 Minuten eine schaumig-luftige Masse entstanden ist. Sofort zum Birnenstrudel servieren.

Eventuell den Strudel und Tellerrand mit Puderzucker bestäuben.

Zubereitungszeit: 1 1/2 Stunden
Pro Portion 15 g E, 29 g F, 98 g KH
= 750 kcal (3136 kJ)

DESSERTS

Erdbeeren mit Orangen-Parfait

Für 4 Portionen:
300 g Erdbeeren
1 Bund Minze
60 g Zucker
250 ml Orangensaft
1–2 El Orangenschale in feinen Stiften
40 ml Orangenlikör (Grand Marnier)

Orangen-Parfait
2 Eigelb
50 g Zucker
Saft und abgeriebene Schale von 1 Orange (unbehandelt)
20 ml Orangenlikör (Grand Marnier)
250 ml geschlagene Sahne

1. Die Erdbeeren waschen, gut abtropfen lassen, putzen und halbieren. Eine Hälfte der Minze in Streifen schneiden, die andere in Sträußchen zerpflücken.

2. Den Zucker in der heißen Pfanne goldbraun schmelzen. Den Orangensaft dazugießen. Die Orangenschale hineinrühren. Die Hitze zurückschalten. Den Orangenkaramel etwas einkochen und dann abkühlen lassen.

3. Die Erdbeeren in einer Schale mit dem Orangenkaramel und Orangenlikör übergießen und die Minzestreifen untermischen. Die Erdbeeren 10 Minuten marinieren.

4. Für das Parfait das Eigelb in einem Schneekessel mit Zucker, Orangensaft sowie -schale und Orangenlikör über dem heißen Wasserbad in 4–5 Minuten cremig aufschlagen, herunternehmen, noch etwas weiterschlagen. Die Creme etwas abkühlen lassen. Die geschlagene Sahne unterheben.

5. Eine Parfaitform (1 l Inhalt) großzügig mit Klarsichtfolie auslegen. Die Parfaitmasse einfüllen, mit der überhängenden Folie zudecken und in 5 Stunden im Kühlschrank fest werden lassen.

6. Das Parfait mit Hilfe der Folie aus der Form stürzen und dabei die Folie abziehen. Ein Messer in heißes Wasser tauchen. Das Parfait damit in Scheiben schneiden. Die Erdbeeren mit dem Orangenkaramel und den Minzesträußchen auf Desserttellern anrichten, das Orangenparfait in die Mitte legen.

Zubereitungszeit: 1 Stunde (plus Gefrierzeit)
Pro Portion 5 g E, 23 g F, 45 g KH
= 444 kcal (1859 kJ)

Lafers Extra-Tip

Auch wenn es inzwischen Erdbeeren fast das ganze Jahr über gibt, lohnt es sich, im Sommer die Früchte aus dem eigenen Garten, vom Markt oder von der Plantage einzufrieren. Sie sind einfach aromatischer als die aus Übersee importierten. Ganze Früchte auf einem Tablett vorfrieren oder die Erdbeeren pürieren und portionsweise einfrieren.

DESSERTS

Nußtorte

Für 8 Stücke:

Mürbeteig
*500 g gesiebtes Mehl
200 g gesiebter Puderzucker
2 Pk. Vanillezucker
250 g kalte Butter
2 Eier, Salz
abgeriebene Schale von
1 Zitrone (unbehandelt)
Mehl und Butter für die Form
und zum Bearbeiten*

Füllung
*325 g Zucker
150 ml heiße Schlagsahne
300 g Marzipanrohmasse
150 ml Milch
200 g grob gehackte
Walnüsse*

Glasur
*1 Tl Puderzucker
40 ml Schlagsahne
1 Eigelb*

1. Aus Mehl, Puderzucker, Vanillezucker, Butter in kleinen Stücken, Eiern, 1 Prise Salz und Zitronenschale einen Mürbeteig kneten. In Klarsichtfolie wickeln und 1 Stunde in den Kühlschrank stellen.

2. Für die Füllung Zucker nach und nach in einen großen flachen Topf geben und bei milder Hitze langsam hellbraun karamelisieren lassen. Dabei immer wieder mit einem Holzlöffel umrühren. Den Karamel mit heißer Sahne ablöschen. Die Hitze zurückschalten, den Sahnekaramel unter Rühren etwas einkochen lassen.

3. Zwei Drittel des Teiges abschneiden und zwischen bemehlten Klarsichtfolien ausrollen. Den restlichen Teig wieder in Klarsichtfolie wickeln und in den Kühlschrank legen.

4. Eine Springform (26 cm Ø) mit Butter einfetten und mit Mehl ausstreuen. Die obere Folie vom Teig abziehen. Mit dem Springformrand einen Kreis in den Teig drücken und mit einem Messer den Tortenboden daraus ausschneiden. Den Teigboden mit der Folie nach oben in die Form legen. Die Folie abziehen. Aus dem restlichen Teig Streifen für den Tortenrand ausschneiden. Die Streifen mit der Folie an den Formrand drücken. Die Folie abziehen. Den Teig fest andrücken. Den restlichen Teig zusammenkneten, in Klarsichtfolie wickeln und kalt stellen.

5. Marzipanrohmasse in der Küchenmaschine mit Milch verrühren, langsam den Sahnekaramel dazugießen. Zum Schluß die Walnüsse mit dem Spatel unterrühren.

6. Den Teig in der Form mit der Gabel mehrmals einstechen. Die Füllung daraufgießen. Mit einem spitzen Messer vorsichtig den Teigrand etwa 2 cm von der Form lösen und über die Füllung klappen. Den restlichen Teig aus dem Kühlschrank nehmen, zwischen bemehlten Klarsichtfolien einen passend großen, runden Deckel für die Torte ausrollen. Ganz kurz die Form daraufdrücken. Den Teigdeckel mit dem Messer ausschneiden, die obere Folie abziehen. Den Deckel mit der Folie nach oben auf die Füllung legen und festdrücken. Die Folie abziehen. Aus dem restlichen Teig Ornamente ausschneiden und auf den Tortendeckel legen. Den Tortendeckel mit der Gabel mehrmals einstechen.

7. Für die Glasur Puderzucker und Sahne verrühren. Das Eigelb unterziehen. Den Tortendeckel damit einpinseln.

8. Die Nußtorte im vorgeheizten Backofen auf der 2. Einschubleiste von unten bei 190 Grad 45 Minuten bakken (Gas 2–3, Umluft etwa 45 Minuten bei 180 Grad).

Wichtig: Die Torte 24 Stunden bei Zimmertemperatur auskühlen und sich setzen lassen. Nur dann läßt sie sich gut aufschneiden.

Zubereitungszeit: 1 3/4 Stunden
(plus Kühlzeit)
Pro Stück 18 g E, 67 g F,
133 g KH = 1208 kcal
(5058 kJ)

DESSERTS

Honigcreme mit Mango

Für 4 Portionen:
100 g Blätterteig (TK)
Mehl zum Bearbeiten
200 ml Schlagsahne
80 ml Honig
4 Eigelb
1–2 El Zitronensaft
100 ml Pflaumenwein
4 Blatt Gelatine
Puderzucker zum Bestäuben
100 ml geschlagene Sahne

Himbeermark
200 g Himbeeren (TK)
40 g Puderzucker
1 El Himbeergeist

Garnitur
2 reife Mangos
4 El Zitronensaft
40 g Puderzucker
frische Minze zum Garnieren

Vanillesauce
1/8 l Schlagsahne
1/8 l Milch
40 g Zucker
1 Vanilleschote
3 Eigelb

1. Den Blätterteig auftauen lassen, auf Mehl vorsichtig ausrollen (etwas kleiner als das Backblech). Das Backblech mit Backpapier auslegen. Den Teig darauflegen und mehrmals mit einer Gabel einstechen. Das Backofengitter auf den Teig legen, damit der Teig beim Backen nicht zu hoch aufgeht. Den Teig im vorgeheizten Backofen auf der 2. Einschubleiste von unten 10 Minuten bei 225 Grad backen (Gas 4, Umluft 10–12 Minuten bei 200 Grad).

2. Sahne und Honig einmal aufkochen, den Topf vom Herd ziehen. Das Eigelb in einer Schüssel mit etwas heißer Sahne glattrühren, dann zu der Sahne im Topf gießen. Dabei weiterrühren, bis die Sahne dickflüssig wird. Zitronensaft und Pflaumenwein dazugießen. Die Gelatine in kaltem Wasser einweichen, ausgedrückt in die heiße Creme rühren. Die Creme durch ein Sieb gießen und auf Eiswürfeln oder im Kühlschrank leicht dickflüssig werden lassen.

3. Aus dem Blätterteig 4 Kreise (9,5 cm Ø) ausstechen und dick und gleichmäßig mit Puderzucker bestäuben. Die Blätterteigkreise im vorgeheizten Backofen unter ständiger Beobachtung auf der 2. Einschubleiste von unten bei 250 Grad 3–4 Minuten karamelisieren (Gas 5, Umluft 3–4 Minuten bei 250 Grad). Den Blätterteig auskühlen lassen.

4. Die Creme glattrühren und die Schlagsahne unterheben. Die Creme noch etwas gelieren lassen.

5. Inzwischen die Himbeeren durch ein Sieb streichen, mit Puderzucker verrühren und mit Himbeergeist würzen.

6. Die Mangos schälen und vom Stein schneiden. Eine Mango in dünne Scheiben schneiden, die andere grob würfeln und mit Puderzucker im Mixer pürieren.

7. Einen karamelisierten Blätterteigkreis auf einen Dessertteller geben. Den Ausstecher darauf setzen und mit Honigcreme füllen. Die Mangoscheiben wie eine Blüte rundherum hineindrücken. Die Creme 30 Minuten kaltstellen.

8. Für die Vanillesauce Sahne, Milch, Zucker, ausgekratztes Vanillemark und die aufgeschlitzte Schote aufkochen und etwas abkühlen lassen.

9. Das Eigelb in einem Schneekessel verrühren. Die Vanillemilch durch ein Sieb dazugießen und über dem heißen Wasserbad cremig aufschlagen, abkühlen lassen.

10. Beim Anrichten erst etwas Vanillesauce, dann etwas Himbeermark und schließlich die Mangosauce um den Ausstecher herum verteilen. Mit einem langen Holzspieß kreisförmig durch die drei Saucen ziehen. Zum Schluß den Ausstecher vorsichtig abheben. Die Creme mit Puderzucker bestäuben und mit einem Minzsträußchen garnieren. Mit den drei weiteren Blätterteigkreisen ebenso verfahren. Das Dessert sofort servieren.

Zubereitungszeit: 2 1/2 Stunden
(plus Kühlzeit)
Pro Portion 16 g E, 53 g F, 97 g KH
= 986 kcal (4127 kJ)

DESSERTS

Nußrolle mit Eiergrog-Sauce

Für 8–12 Portionen:

Nußteig
30 g Zucker
10 g Hefe
250 g Mehl und Mehl zum Bearbeiten
1/8 l lauwarme Milch
1 Eigelb
abgeriebene Schale von 1/2 Zitrone (unbehandelt)
20 ml Rum
Salz
80 g weiche Butter
40 g Mandelblättchen für die Form
1 El Schlagsahne
1 Eigelb
20 g brauner Zucker

Füllung
70 g Butter
5 El Honig
150 g gemahlene Haselnüsse
30 g Semmelbrösel
abgeriebene Schale von 1 Orange (unbehandelt)
30 ml Rum

Sauce
250 ml Milch
50 g Zucker
4 Eigelb
1 Prise Nelkenpulver (Mühle, siehe Seite 154/155)
20 ml Rum
40 ml Eierlikör

1. Zucker, Hefe, 50 g Mehl und die lauwarme Milch in einer Schüssel verrühren, mit Klarsichtfolie zudecken und dann an einem warmen Ort 20–25 Minuten gehen lassen.

2. Das restliche Mehl und das Eigelb in der Küchenmaschine mit dem Vorteig, Zitronenschale, Rum und 1 Prise Salz (nicht auf die Hefe, sondern auf das Mehl geben) mischen und zu einem glatten Teig verkneten (mittlere Stufe). Zum Schluß 40 g weiche Butter unterkneten (höhere Stufe). Den Teig noch einmal mit dem Gummispatel tüchtig durcharbeiten, mit Klarsichtfolie zudecken, an einem warmen Ort 25–30 Minuten gehen lassen.

3. Eine Frankfurter-Kranz-Form (22 cm Ø) dick mit der restlichen Butter einpinseln und mit den Mandelblättchen ausstreuen.

4. Für die Füllung in einer Pfanne die Butter zerlassen. Den Honig unterrühren. Die Haselnüsse und die Semmelbrösel hineingeben und leicht bräunen. Die Füllung mit Orangenschale und Rum würzen und etwas abkühlen lassen.

5. Die Arbeitsfläche bemehlen, den Teig daraufgeben, auch bemehlen und zu einem breiten, nicht zu dünnen Rechteck ausrollen. Die Füllung als lange Wurst auf den Teig setzen und mit einer Palette glattstreichen. Den langen Teigrand vorsichtig hochheben und den Teig mit der Füllung aufrollen. Die Rolle in die Form legen. Die Form mit Klarsichtfolie zudecken. Den Teig an einem warmen Ort noch einmal 10 Minuten gehen lassen.

6. Sahne mit Eigelb verquirlen, die Nußrolle damit dick einpinseln. Den braunen Zucker darauf streuen.

7. Im vorgeheizten Backofen auf der 2. Einschubleiste von unten 30 Minuten bei 200 Grad backen (Gas 3, Umluft 25–30 Minuten bei 190 Grad). Den Kuchen in der Form abkühlen lassen.

8. Für die Sauce in einer Schüssel Milch mit Zucker und Eigelb über dem Wasserbad dick-cremig aufschlagen und mit Nelkenpulver würzen. Die Sauce vom Wasserbad nehmen, weiterschlagen, zum Schluß Rum und Eierlikör unterrühren.

9. Die Nußrolle aus der Form auf eine Platte stürzen und mit der warmen Eiergrog-Sauce servieren.

Zubereitungszeit: 1 Stunde
(plus Zeit zum Gehen für den Teig)
Pro Portion (bei 12 Portionen) 8 g E, 26 g F, 38 g KH = 432 kcal (1810 kJ)

Lafers Extra-Tip

Die Haselnüsse entfalten Ihr Aroma noch intensiver und lassen sich leicht häuten, wenn Sie sie auf einem Backblech kurz im Backofen rösten, in ein Sieb geben und etwas abkühlen lassen. Dann reiben Sie im Sieb die dunkle Haut der Nüsse ab.

DESSERTS

Karamel-Mandel-Pudding mit Vanillesahne

Für 4–6 Portionen:
120 g Mandeln
110 g Zucker
1 Tl Honig
230 ml Schlagsahne (davon 30 ml warm)
50 g weiche Butter
und Butter für die Förmchen
3 Eier (getrennt), Salz
1 Pk. Bourbon-Vanillezucker

1. Die Mandeln in der Moulinette grob mahlen, in einer Pfanne ohne Fett bei milder Hitze langsam goldbraun rösten und abkühlen lassen.

2. 40 g Zucker in einem Topf zu hellem Karamel schmelzen lassen. Den Honig unterrühren und mit 30 ml warmer Sahne aufgießen. Den Karamel unter Rühren kochen, bis er sich ganz aufgelöst hat. Den Karamel etwas abkühlen lassen.

3. In einem Schneekessel die weiche Butter mit Eigelb verrühren. Den Karamel unterrühren. 100 g gemahlene Mandeln dazugeben. Das Eiweiß mit 40 g Zucker und 1 Prise Salz steif aufschlagen. Den Eischnee unter die Puddingmasse heben.

4. Die Auflaufförmchen mit Butter ausstreichen und mit den restlichen gemahlenen Mandeln ausstreuen. Die Puddingmasse hineingeben.

5. Einen flachen Topf etwa 1 cm hoch mit Wasser füllen und auf dem Herd aufkochen, die Hitze herunterschalten. Die Förmchen ins heiße Wasser setzen und den Deckel auflegen. Den Pudding bei milder Hitze etwa 20 Minuten garen.

6. Inzwischen die restliche Sahne mit dem restlichen Zucker und Vanillezucker halbfest aufschlagen und bis zum Servieren kalt stellen.

7. Die Förmchen aus dem Wasserbad nehmen. Den Pudding aus den Förmchen lösen und mit der Vanillesahne servieren.

Zubereitungszeit: 45 Minuten
Pro Portion (bei 6 Portionen) 9 .g E, 34 g F, 23 g KH = 428 kcal (1792 kJ)

DESSERTS

Himbeer-Charlotte mit Pistazien-Biskuit

Für 6 Portionen:

Biskuit
2 Eier (getrennt)
Salz
60 g Zucker
1 Pk. Vanillezucker
30 g Mehl
35 g Speisestärke
abgeriebene Schale von
je 1/2 Zitrone und Orange
(unbehandelt)
30 g grob gemahlene
Pistazien
30 g Puderzucker zum
Bestreuen
Öl oder Butter für die Form

Himbeerpüree
6 Blatt rote Gelatine
350 g Himbeeren
60 g Zucker
100 ml Orangensaft
abgeriebene Schale von
1/2 Zitrone (unbehandelt)
1/4 Tl Zimtpulver

Creme
120 g Zucker
3 Eigelb
20 ml Himbeergeist
2 Eiweiß
120 ml geschlagene Sahne

Dekoration
150 ml geschlagene Sahne
250 g frische Himbeeren
1/2 Bund frische Minze
50 g grob gehackte
Pistazienkerne

1. Das Eiweiß mit 1 Prise Salz und 30 g Zucker zu steifem Schnee schlagen. Das Eigelb mit dem restlichen Zucker und Vanillezucker schaumig rühren. Die Hälfte des Eischnees unter die Eigelbmasse heben. Jeweils die halbe Menge Mehl und Speisestärke dazusieben und unterrühren. Diese Masse jetzt unter den restlichen Eischnee heben, restliches Mehl und Speisestärke dazusieben und unterrühren. Die Biskuitmasse mit Zitronen- und Orangenschale würzen und die gemahlenen Pistazien vorsichtig untermischen. Die Biskuitmasse muß fest sein, sonst läuft sie beim Backen auseinander.

2. Ein Backblech mit Backpapier auslegen. Die Biskuitmasse in einen Spritzbeutel mit Lochtülle Nr. 13 füllen und 14 Streifen (10 cm lang) auf das Blech spritzen, dabei etwas Abstand lassen, damit die Biskuits nach dem Backen nicht zusammenkleben. Die Löffelbiskuits dick mit Puderzucker bestreuen.

3. Die Löffelbiskuits im vorgeheizten Backofen auf der 2. Einschubleiste von unten bei 180 Grad in 12 Minuten goldbraun backen (Gas 2–3, Umluft 12 Minuten bei 200 Grad). Die Löffelbiskuits nach dem Backen etwas abkühlen lassen.

4. In dieser Zeit die Gelatine in kaltem Wasser einweichen. Die Himbeeren mit Zucker, Orangensaft, Zitronenschale, abgetropfter Gelatine und Zimtpulver einmal aufkochen lassen. Die Himbeeren durch ein Sieb in einem Topf umgießen und kräftig durchdrücken.

5. Inzwischen für die Creme 80 g Zucker und Eigelb mit 4 El Wasser in einem Schneekessel über dem heißen Wasserbad dick-cremig aufschlagen, vom Wasserbad nehmen und kalt weiterschlagen. Das Himbeerpüree unterrühren und mit Himbeergeist würzen. Die Creme auf Eiswürfeln schnell (oder im Kühlschrank langsam) durchkühlen und leicht gelieren lassen.

6. Die Charlotteform mit Butter oder Öl auspinseln und mit Klarsichtfolie auslegen. Löffelbiskuits vom Papier lösen und mit der runden Seite nach außen an den Rand der Form stellen. Die letzten Biskuits zerschneiden und mit der runden Seite nach unten auf den Boden der Form legen.

7. Die gelierte Himbeercreme glattrühren. Das Eiweiß mit dem restlichen Zucker steif schlagen, die geschlagene Sahne unterheben, dann das Himbeerpüree unterheben. Die Creme in die Charlotteform füllen und gleichmäßig verteilen. Die überstehende Folie überklappen. Die Charlotte im Kühlschrank 3 Stunden kalt stellen.

8. Charlotte auf eine Platte stürzen, die Folie abziehen. Mit geschlagener Sahne, Himbeeren und Minzsträußchen garnieren, mit grob gehackten Pistazien bestreuen und sofort servieren.

Zubereitungszeit: 1 1/2 Stunden (plus Kühlzeit)
Pro Portion 12 g E, 21 g F, 63 g KH
= 502 kcal (2107 kJ)

DESSERTS

Apfelkompott mit Johannisbeersauce

Für 4 Portionen:
4 große Äpfel (à 150 g, Boskop)
2–3 El Zitronensaft
120 g Zucker
2 El Honig
150 ml Weißwein
150 ml Apfelsaft
1 Vanilleschote
1 Zimtstange
2 Sternanisköpfe
abgeriebene Schale von 1/2 Zitrone (unbehandelt)

Sauce
100 g Johannisbeergelee
70 ml Johannesbeersaft

1. Die Äpfel schälen, vierteln und entkernen. Einen Apfel fein würfeln, die anderen in grobe Stücke schneiden. Die Äpfel mit Zitronensaft beträufeln, damit sie nicht braun werden.

2. Den Zucker im heißen Topf hellbraun schmelzen lassen, den Honig unterrühren, mit Weißwein und Apfelsaft ablöschen. Die groben Apfelstücke hineingeben. Vanilleschote, Zimtstange, Sternanis und Zitronenschale hineingeben. Die Äpfel bei milder Hitze in 12–15 Minuten langsam zu Mus zerfallen lassen, bis die Flüssigkeit verkocht ist.

3. Vanilleschote, Zimtstange und die Sternanisköpfe aus dem Mus herausnehmen. Das Apfelmus mit dem Schneebesen glattrühren. Die feinen Apfelwürfel unterrühren. Den Topf beiseite stellen.

4. Für die Sauce Johannisbeergelee und -saft mit dem Schneebesen glattrühren.

5. Das Apfelkompott mit der Sauce servieren. Dazu paßt Vanille- oder Apfeleis.

Zubereitungszeit: 35 Minuten
Pro Portion 1 g E, 1 g F,
80 g KH = 354 kcal (1484 kJ)

DESSERTS

Rhabarbertorte mit Joghurt und Melisse

Für 14 Stücke:
300 g Blätterteig (TK)
200 g Rhabarber
40 g Zucker
30 ml Weißwein
25 ml Orangensaft
Saft von 1/2 Limette
1 Msp. Zimtpulver
70 g Puderzucker
4 Blatt weiße Gelatine
150 g Joghurt
10 ml Orangenlikör
(Grand Marnier)
70 g Puderzucker
2 Eigelb
50 ml geschlagene Sahne
1 Eiweiß

Gelee

300 g ungeschälter Rhabarber
125 ml Weißwein
100 g Zucker
1 Zimtstange
4 Blatt weiße Gelatine
3 El gehackte Zitronenmelisse

1. Aufgetauten Blätterteig 3 mm dick ausrollen, auf ein Backblech legen, mit einer Gabel mehrmals einstechen, mit einem Kuchengitter beschweren und im vorgeheizten Backofen auf der 2. Einschubleiste von unten bei 220 Grad 15 Minuten bakken (Gas 4, Umluft 20 Minuten bei 200 Grad). Den Teig danach ohne Gitter etwas abkühlen lassen.

2. Inzwischen für das Kompott den Rhabarber putzen, schälen und in kleine Stücke schneiden. Die Rharbarberstücke mit 30 g Zucker, Weißwein, Orangen- und Limettensaft und Zimtpulver in einem Topf in 10 Minuten zu Mus kochen.

3. Einen Springformrand (26 cm Ø) auf den Teig legen und mit dem Messer einen Kreis aus dem Blätterteig ausschneiden. Den Kreis dick mit 20 g Puderzucker besieben, auf einen Springformboden legen und dann im Backofen bei 250 Grad 4–5 Minuten hellbraun karamelisieren (Gasherd 5, Umluft 4–5 Minuten bei 250 Grad).

4. Die Gelatine in kaltem Wassen einweichen. Das Rhabarberkompott im Topf mit dem Schneidstab pürieren. Die tropfnasse Gelatine im Kompott bei milder Hitze auflösen. Den Topf vom Herd nehmen, den Joghurt unterrühren und mit Orangenlikör würzen. Den Rhabarber abkühlen lassen.

5. Restlichen Puderzucker und das Eigelb in einem Schneekessel über dem Wasserbad langsam cremig aufschlagen, vom Wasserbad nehmen und noch etwas weiterschlagen. Das Rharbarberkompott unterrühren. Die Creme 30 Minuten auf Eis stellen, damit sie leicht fest wird.

6. Für das Gelee den gewaschenen, ungeschälten Rharbarber in grobe Stücke schneiden, in einem Topf mit Weißwein, Zucker und der Zimtstange langsam 3 Minuten kochen.

7. Die Rharbarbercreme verrühren, die Schlagsahne nach und nach einrühren. Das Eiweiß mit dem restlichen Zukker steifschlagen und unter die Creme ziehen.

8. Die karamelisierte Teigplatte in den Springformrand einziehen. Die Creme hineingießen, gleichmäßig verteilen und glattstreichen. Die Torte mit Klarsichtfolie zudecken und 60 Minuten im Kühlschrank durchkühlen lassen.

9. Rharbarber in ein Sieb schütten und den Saft auffangen. Die Gelatine in kaltem Wasser einweichen, tropfnaß in den Saft einrühren, mit dem Schneebesen auflösen und 15–20 Minuten auf Eis stellen, damit das Gelee etwas fest wird.

10. Das Gelee durchrühren, die Zitronenmelisse unterheben. Das Gelee vorichtig auf der Torte verteilen. Mindestens 1 Stunde in den Kühlschrank stellen. Die Torte aus der Form lösen, mit einem in heißes Wasser getauchten Messer in Stücke schneiden. Gekühlt servieren.

Zubereitungszeit: 1 Stunde (plus Kühlzeit)
Pro Stück 3 g E, 6 g F, 24 g KH = 171 kcal (718 kJ)

DESSERTS

Kaiserschmarren

Für 4 Portionen:

Teig
40 g Rosinen
30 ml Rum
60 g gesiebtes Mehl
100 ml Milch
50 g Zucker
Salz
1/2 Tl Vanillezucker
abgeriebene Schale von
1/2 Zitrone (unbehandelt)
30 g grob gehackte
Walnüsse
30 g flüssige Butter
4 Eier

Außerdem
30 g Butter zum Braten
20 g Puderzucker zum
Bestreuen

1. Die Rosinen in Rum 5 Minuten kochen lassen.

2. Mehl, Milch, Zucker, 1 Prise Salz und Vanillezucker in einem Rührkessel mit dem Schneebesen verrühren, dabei mit Zitronenschale würzen. Die Rosinen mit dem Rum und die Walnüsse dazugeben. Die flüssige Butter unterrühren. Jetzt die ganzen Eier hineingeben und vorsichtig mit einer Gabel unter den Teig rühren (dann fällt der Schmarren nach dem Backen nicht zusammen – wie er es tut, wenn man Eischnee unter den Teig hebt).

3. Die Butter in einer Pfanne schmelzen lassen. Den Teig hineingießen, die Pfanne mit einem Deckel zudecken (der Teig kann unter dem Deckel besser aufgehen).

4. Die verschlossene Pfanne im vorgeheizten Backofen auf die 3. Einschubleiste von unten setzen. Den Schmarren bei 220 Grad 15 Minuten bakken (Gas 3–4, Umluft 12–15 Minuten bei 200 Grad).

5. Den Schmarren aus dem Ofen nehmen, in der Pfanne mit 2 Pfannenwendern grob in Stücke reißen, dick mit Puderzucker bestreuen und sofort servieren.

Dazu paßt Birnenkompott. Das Rezept finden Sie auf Seite 105.

Zubereitungszeit: 40 Minuten
Pro Portion 11 g E, 25 g F, 38 g KH
= 441 kcal (1848 kJ)

DESSERTS

Gestreifter Sandkuchen mit Haselnußbaiser

Für 8–10 Portionen:
500 g weiche Butter
560 g Zucker
2 Pk. Bourbon-Vanillezucker
abgeriebene Schale
von 1 Zitrone (unbehandelt)
1/2 Tl Zimtpulver
Salz, 560 g Mehl
1/2 Tl Backpulver
12 Eigelb, 8 Eier
2 El bitteres Kakaopulver
Puderzucker zum Bestreuen

Baiser
6 Eiweiß
220 g Zucker
160 g gemahlene Haselnüsse

Weißer Mokka-Sabayon
50 g Mokkabohnen
1/4 l Milch
4 Eigelb
60 g Zucker
40 ml weißer Crème de Cacao

1. Butter mit Zucker und Vanillezucker schaumig rühren, mit Zitronenschale, Zimt und 1 Prise Salz würzen. Mehl und Backpulver unterrühren. Eier und Eigelb unterkneten, bis der Teig glatt ist.

2. Den Teig halbieren. Kakaopulver mit 3 El lauwarmem Wasser verquirlen und unter eine Teighälfte rühren. Die beiden Teige in 2 Spritzbeutel mit Lochtülle Nr. 12 füllen.

3. Ein Backblech mit Backpapier auslegen. Quer erst den weißen Teig in Streifen darauf spritzen, dabei schmale Zwischenräume lassen. Den braunen Teig in Streifen dazwischen spritzen.

4. Für das Baiser das Eiweiß mit dem Zucker sehr steif schlagen, die Haselnüsse unterziehen. Die Baisermasse mit der Palette glatt auf den Teig streichen.

5. Den Sandkuchen im vorgeheizten Backofen auf der 2. Einschubleiste von unten bei 180 Grad 40–45 Minuten backen (Gas 2–3, Umluft 30–35 Minuten bei 180 Grad). Den Kuchen nach dem Bakken noch 10 Minuten im Backofen ruhen lassen. Den abgekühlten Kuchen dick mit Puderzucker besieben.

6. Für den Sabayon die Mokkabohnen in Milch aufkochen und 1 Stunde stehenlassen.

7. Die Mokkamilch durch ein Sieb in einen Schneekessel gießen, mit Eigelb und Zucker über dem heißen Wasserbad mit dem Schneebesen in 10–13 Minuten luftig-schaumig aufschlagen. Den Sabayon vom Wasserbad nehmen, noch etwas weiterschlagen, mit Crème de Cacao würzen.

Den gestreiften Sandkuchen mit dem lauwarmen Mokka-Sabayon servieren.

Zubereitungszeit: 1 1/2 Stunden (plus Zeit zum Ziehen der Mokkabohnen)
Pro Portion (bei 10 Portionen) 22 g E, 67 g F, 124 g KH = 1189 kcal (4979 kJ)

Lafers Extra-Tip

Ein Sabayon (oder eine Zabaione, wie die Italiener sagen), kann mit einem süßen Dessertwein wie Marsala, Madeira, Portwein, Cream Sherry oder Tokajer gewürzt werden, aber auch mit trockenem Weißwein, Zitronen- oder Orangensaft. Die Zuckermenge sollte entsprechend dosiert werden!

PRAKTISCHE GERÄTE

Der Schlemmerbräter mit Einsatz ist wegen seiner länglichen Form vielseitig einsetzbar. Sie können darin große Bratenstücke oder Haxen anbraten und schmoren, aber auch größere Mengen Gulasch oder Eintopf zubereiten. In dem Einsatz dünsten Sie ganze Fische, Spargel oder anderes Gemüse schonend in wenig Wasser, Wein oder Brühe. Wenn Sie eine entsprechende längliche Kochstelle haben, können Sie ihn sowohl auf dem Kochfeld als auch im Backofen benutzen. Ganz aus Edelstahl gefertigt und daher nahezu unverwüstlich.

Die Käsereibe mit Schublade leistet in der Küche und bei Tisch gute Dienste: Sie können Parmesan und anderen harten Käse schnell und bequem direkt in die Schublade reiben und aromageschützt eine Weile aufbewahren. Der Korpus ist aus Buchenholz, die Reibe selbst aus Edelstahl. Zum Säubern können Sie sie leicht aus dem Haltebügel herausziehen.

Diese Küchenmesser sind praktisch unverwüstlich und damit eine Anschaffung fürs Leben: Der Griff ist aus rostfreiem Edelstahl, die Klinge aus besonders gehärtetem Stahl hergestellt. Zum Sortiment gehören 14 verschiedene Messer, eine gerade und eine gebogene Fleischgabel und der Wetzstahl. Dazu passend gibt es auch einen Messerblock.

Eine ideale Kombination ist dieses Topf- und Schüsselset: Sie haben einen normalen Kochtopf mit Deckel und zwei Einsätze, die Sie für ganz unterschiedliche Zwecke einsetzen können. In dem Siebeinsatz (links oben)

Vielfalt der Formen und Farben – mit diesem Geschirr decken Sie jeden Tag einen schönen Tisch und können viele Teile auch in der Küche benutzen. Zu den Schalen für Müsli oder Salat zum Beispiel gibt es Spezialdeckel aus Kunststoff, damit Sie darin Speisen auch in den Kühlschrank stellen und sogar einfrieren können. Zu dem umfangreichen Sortiment gehören auch Essig- und Ölkaraffen, Cloches, Butterdosen und Auflaufformen.

Von Anissstern bis Zimtstange – mit dieser Mühle werden nicht nur Salz und Pfeffer, sondern auch getrocknete Kräuter, Gewürzkörner und grob zerkleinerte Gewürze wie Chili oder Knoblauch im Handumdrehen frisch gemahlen. Das Mahlwerk ist aus hochwertiger Keramik und stufenlos verstellbar. Die Mühle wird mit zwölf verschiedenen Gewürzen und Kräutern gefüllt oder leer für eigene Mischungen angeboten.

Die besten und frischesten Zutaten und das schönste Rezept sind nur die Hälfte wert, wenn es an der richtigen Ausstattung in der Küche hapert. Bei der Anschaffung von Töpfen, Pfannen und Messern sollte man auf gute Qualität achten – auch wenn's ein bißchen mehr kostet. Hochwertige Edelstahltöpfe oder Messer zum Beispiel halten dann aber auch fast ein Leben lang. Eine kleine Auswahl der Küchengeräte, die Johann Lafer in seiner Sendung regelmäßig benutzt, stellen wir Ihnen hier vor.

dünsten Sie Fischfilets oder Gemüse im Wasserdampf, in dem Schneekessel (rechts oben) schlagen Sie Saucen oder Cremes im Wasserbad auf. Ohne Topf wird der runde Kessel auf einen Ring gestellt.

Zum Braten und Servieren: Die Edelstahlpfanne mit dickem Sandwichboden verträgt große Hitze und ist daher gut geeignet zum scharfen Braten. In der beschichteten Pfanne kann nichts ansetzen, daher ist sie ideal z. B. für Eierspeisen. Beide Pfannen dürfen auch in den Backofen.

Zum Flachklopfen: Für Rouladen oder Wiener Schnitzel muß das Fleisch ganz dünn sein. Mit diesem glatten und schweren Plattierer kann man die Fleischscheiben – zwischen Folie gelegt – ganz einfach flach klopfen.

REZEPTREGISTER

VORSPEISEN

Brunnenkressesuppe mit gebackenen Schinkenstreifen **17**
Chicoréesalat mit Spinat und Senfsauce **31**
Geflügelbrühe (Grundrezept) **29**
Geflügelleber-Crêpes, überbackene **25**
Hummersalat **9**
Joghurt-Remoulade **21**
Kartoffelwaffeln mit Bananendip **33**
Kürbissuppe **11**
Lachsforelle, überbackene, mit Sauerampfersauce **27**
Lauchsalat mit Tomaten-Vinaigrette **21**
Leberwurst, gebackene, in der Majorankruste **19**
Pfannkuchensäckchen **29**
Pilztoast mit Schnittlauchrührei **13**
Rinderbrühe (Grundrezept) **28**
Rinderconsommé **28**
Spinattorte mit Mettwürstchen **15**
Tomaten-Consommé **29**
Weißkohl-Cassoulet **23**

HAUPTGERICHTE

Jägerschnitzel **85**
Kabeljau, gebratener, auf Rote-Bete-Salat **83**
Kalbshackbällchen mit Frühlingsgemüse **63**
Kalbshaxe mit karamelisierten Schalotten und Frühlingsgemüse **77**
Kalbsmedaillons mit Spargel und glasiertem Salbei **49**
Kalbszunge, gebackene, im Meerrettichmantel **37**
Kalbszungenragout in Madeirasauce **59**
Kümmelschinken, gebackener, mit Römersalat **45**
Lammhaxen, geschmorte **47**
Lammkoteletts, überbackene **53**
Lamm-Medaillons, gebackene **51**
Ochsenschwanz, gefüllter, mit Burgundersauce **65**
Paprikaschnitzel **81**
Putenkeulen, gefüllte, mit Orangen-Whiskey-Sauce **39**
Rehrückenfilets mit Wildsauce **61**
Rinderfilet mit Nußkruste **35**
Rinderfilet, pochiertes, mit Estragonsauce **41**
Rinderrouladen mit Aprikosensauce **73**
Rumpsteaks mit Maronenkruste **79**
Schinken im Nußteig **71**
Schweinebrust, gefüllte, mit Zwiebelsauce **91**
Schweinefilet, mariniertes, im Blätterteigmantel **67**
Schweinefilet mit Morchelsauce **95**
Schweinekoteletts, geschmorte, mit Zwiebelsauce **89**
Schweinscarré, glasiertes **55**
Schweinsgulasch **43**
Stubenküken mit gebratenem Spargel und Frühlingszwiebel-Vinaigrette **93**
Tafelspitz mit Schnittlauch-Mayonnaise **69**
Wiener Schnitzel **57**
Zanderfilet mit Kartoffelschuppen **75**
Zwiebeln, gefüllte, mit Selleriepüree **87**

BEILAGEN

Apfel-Reibekuchen mit Pfeffer-Erdbeeren **97**
Bandnudeln mit Rauke **102**
Birnenkompott **105**
Grießplätzchen mit Raukesalat **116**
Kartoffelklöße, geschmelzte **111**
Kartoffelkrapfen **101**
Kartoffeln, gebackene **119**
Kartoffelpüree, sahniges, mit getrockneten Tomaten **104**
Kartoffelsalat mit Gurken **99**
Kartoffelsalat mit Staudensellerie und Orangen **103**
Kartoffelwaffeln **114**
Kopfsalat mit Sesam-Vinaigrette **115**
Linsengemüse, saures **112**
Mangoldgemüse mit Koriander **117**

Pfannengemüse mit Pilzen **100**
Rosenkohlpüree **118**
Rosmarinkartoffeln **107**
Rote-Bete-Salat mit Äpfeln **113**
Rotkohlsalat, lauwarmer **108**
Sauerkrautknödelrolle **106**
Spätzle in Nußöl **109**
Spitzkohl, geschmorter **110**
Wirsing, geschmorter, mit Pilzen **98**
Zwiebel-Reibekuchen mit Thymianspeck **97**

DESSERTS

Apfelkompott mit Johannisbeersauce **147**
Baumkuchentörtchen mit Quarkcreme **129**
Birnenstrudel **133**
Erdbeeren mit Orangen-Parfait **135**
Haselnußauflauf mit Glühwein-Sabayon **125**
Himbeer-Charlotte mit Pistazien-Biskuit **145**
Honigcreme mit Mango **139**
Kaiserschmarren **151**
Karamel-Mandel-Pudding mit Vanillesahne **143**
Nußrolle mit Eiergrog-Sauce **141**
Nußtorte **137**
Orangenkompott **123**
Pfannkuchen mit glasierten Äpfeln **131**
Pfannkuchentorte, gefüllte, mit Zuckerkruste **123**
Quarkknödel-Auflauf **127**
Rhabarbertorte mit Joghurt und Melisse **149**
Sandkuchen, gestreifter, mit Haselnußbaiser und weißer Mokka-Sabayon **153**
Vanillecreme mit Orangenkrokant **121**

VON A bis Z

A

Apfelkompott mit Johannisbeersauce **147**
Apfel-Reibekuchen mit Pfeffer-Erdbeeren **97**

B

Bandnudeln mit Rauke **102**
Baumkuchentörtchen mit Quarkcreme **129**
Birnenkompott **105**
Birnenstrudel **133**
Brunnenkressesuppe mit gebackenen Schinkenstreifen **17**

C

Chicoréesalat mit Spinat und Senfsauce **31**

E

Erdbeeren mit Orangen-Parfait **135**

REZEPTREGISTER

G

Gebackene Kalbszunge im
   Meerrettichmantel **37**
Gebackene Kartoffeln **119**
Gebackene Lamm-Medaillons **51**
Gebackene Leberwurst in der
   Majorankruste **19**
Gebackener Kümmelschinken mit
   Römersalat **45**
Gebratener Kabeljau auf Rote-Bete-Salat **83**
Geflügelbrühe (Grundrezept) **29**
Geflügelleber-Crêpes, überbackene **25**
Gefüllte Pfannkuchentorte mit
   Zuckerkruste **123**
Gefüllte Putenkeulen mit
   Orangen-Whiskey-Sauce **39**
Gefüllter Ochsenschwanz mit
   Burgundersauce **65**
Gefüllte Schweinebrust mit Zwiebelsauce **91**
Gefüllte Zwiebeln mit Selleriepüree **87**
Geschmelzte Kartoffelklöße **111**
Geschmorte Lammhaxen **47**
Geschmorte Schweinekoteletts mit
   Zwiebelsauce **89**
Geschmorter Spitzkohl **110**
Geschmorter Wirsing mit Pilzen **98**
Gestreifter Sandkuchen mit Haselnußbaiser
   und weißer Mokka-Sabayon **153**
Glasiertes Schweinscarré **55**
Grießplätzchen mit Raukesalat **116**

H

Haselnußauflauf mit Glühwein-Sabayon **125**
Himbeer-Charlotte mit Pistazien-Biskuit **145**
Honigcreme mit Mango **139**
Hummersalat **9**

J

Jägerschnitzel **85**
Joghurt-Remoulade **21**

K

Kabeljau, gebratener, auf Rote-Bete-Salat **83**
Kaiserschmarren **151**
Kalbshackbällchen mit Frühlingsgemüse **63**
Kalbshaxe mit karamelisierten
   Schalotten und Frühlingsgemüse **77**
Kalbsmedaillons mit Spargel und
   glasiertem Salbei **49**
Kalbszunge, gebackene, im
   Meerrettichmantel **37**
Kalbszungenragout in Madeirasauce **59**
Karamel-Mandel-Pudding mit
   Vanillesahne **143**
Kartoffelklöße, geschmelzte **111**
Kartoffelkrapfen **101**
Kartoffeln, gebackene **119**
Kartoffelpüree, sahniges, mit
   getrockneten Tomaten **104**
Kartoffelsalat mit Gurken **99**
Kartoffelsalat mit Staudensellerie und
   Orangen **103**
Kartoffelwaffeln **114**
Kartoffelwaffeln mit Bananendip **33**
Kopfsalat mit Sesam-Vinaigrette **115**
Kümmelschinken, gebackener, mit
   Römersalat **45**
Kürbissuppe **11**

L

Lachsforelle, überbackene, mit
  Sauerampfersauce **27**
Lammhaxen, geschmorte **47**
Lammkoteletts, überbackene **53**
Lamm-Medaillons, gebackene **51**
Lauchsalat mit Tomaten-Vinaigrette **21**
Lauwarmer Rotkohlsalat **108**
Leberwurst, gebackene, in der
  Majorankruste **19**
Linsengemüse, saures **112**

M

Mangoldgemüse mit Koriander **117**
Mariniertes Schweinefilet im
  Blätterteigmantel **67**

N

Nußrolle mit Eiergrog-Sauce **141**
Nußtorte **137**

O

Ochsenschwanz, gefüllter, mit
  Burgundersauce **65**
Orangenkompott **123**

P

Paprikaschnitzel **81**
Pfannengemüse mit Pilzen **100**
Pfannkuchen mit glasierten Äpfeln **131**
Pfannkuchensäckchen **29**
Pfannkuchentorte, gefüllte, mit
  Zuckerkruste **123**
Pilztoast mit Schnittlauchrührei **13**
Pochiertes Rinderfilet mit Estragonsauce **41**
Putenkeulen, gefüllte, mit
  Orangen-Whiskey-Sauce **39**

Q

Quarkknödel-Auflauf **127**

R

Rehrückenfilets mit Wildsauce **61**
Rhabarbertorte mit Joghurt und Melisse **149**
Rinderbrühe (Grundrezept) **28**
Rinderconsommé **28**
Rinderfilet mit Nußkruste **35**
Rinderfilet, pochiertes, mit Estragonsauce **41**
Rinderrouladen mit Aprikosensauce **73**
Rosenkohlpüree **118**
Rosmarinkartoffeln **107**
Rote-Bete-Salat mit Äpfeln **113**
Rotkohlsalat, lauwarmer **108**
Rumpsteaks mit Maronenkruste **79**

REZEPTREGISTER

S

Sahniges Kartoffelpüree mit getrockneten Tomaten **104**
Sandkuchen, gestreifter, mit Haselnußbaiser und weißer Mokka-Sabayon **153**
Sauerkrautknödelrolle **106**
Spätzle in Nußöl **109**
Spinattorte mit Mettwürstchen **15**
Spitzkohl, geschmorter **110**
Stubenküken mit gebratenem Spargel und Frühlingszwiebel-Vinaigrette **93**
Saures Linsengemüse **112**

SCH

Schinken im Nußteig **71**
Schnitzel, Wiener **57**
Schweinebrust, gefüllte, mit Zwiebelsauce **91**
Schweinefilet, mariniertes, im Blätterteigmantel **67**
Schweinefilet mit Morchelsauce **95**
Schweinscarré, glasiertes **55**
Schweinsgulasch **43**
Schweinekoteletts, geschmorte, mit Zwiebelsauce **89**

T

Tafelspitz mit Schnittlauch-Mayonnaise **69**
Tomatenconsommé **29**

U

Überbackene Geflügelleber-Crêpes **25**
Überbackene Lachsforelle mit Sauerampfersauce **27**
Überbackene Lammkoteletts **53**

V

Vanillecreme mit Orangenkrokant **121**

W

Weißkohl-Cassoulet **23**
Wiener Schnitzel **57**
Wirsing, geschmorter, mit Pilzen **98**

Z

Zanderfilet mit Kartoffelschuppen **75**
Zwiebeln, gefüllte, mit Selleriepüree **87**
Zwiebel-Reibekuchen mit Thymianspeck **97**